Inhalt

1. Das Ende der Welt

Die Evangelisten Matthäus (Mt 24), Markus (Mk 13) und Lukas (Lk 21) berichten weithin übereinstimmend, was Jesus über das Ende der Welt lehrte. Der Apostel Johannes empfängt von dem erhöhten Christus eine ausführliche Schau von der letzten Zeit und dem Weltende. Im Buch der Offenbarung schrieb er sie für die Gemeinde auf. Das Ende der Zeit ist ein wichtiges und durchgehendes Thema in der Verkündigung von Jesus. So beginnt er seine Predigt: »Tut Buße, denn das Himmelreich ist nahe herbeigekommen« (Mt 4,17). Das Himmelreich bezeichnet auch die Heilsvollendung, die Ewigkeit. Damit werden alle Weltreiche, ja die Weltzeit vergangen, ausgelöscht und vernichtet sein. Jesus selbst ist der König des Gottesreiches. In seiner Person ist diese Herrschaft also nahe herbeigekommen. Sie ist so nahe an jeden Menschen herangekommen, der Jesus begegnet, dass eine Entscheidung fallen muss: Vertraue ich mich Jesus an und werde so Bürger des Reiches Gottes? Oder lehne ich ihn ab und gehe mit der Welt in die Vernichtung? Im Markusevangelium heißt es noch genauer: »Die Zeit ist erfüllt und das Reich Gottes ist herbeigekommen« (Mk 1,15). Die »Zeit«, griechisch *Kairos*, meint Gottes Zeit, Heilszeit, Zeit der Gnade, wie Paulus es ausdrückt: »Siehe, jetzt ist die Zeit der Gnade, siehe, jetzt ist der Tag des Heils« (2. Kor 6,2). Das ist eine erstaunliche, tief blickende und tröstliche Kennzeichnung auch und gerade unserer Zeit, des 21. Jahrhunderts: Jetzt ist (noch) Gnadenzeit, Heilszeit. Jeder kann im Vertrauen auf Jesus Christus, im Glauben an das Evangelium ewig gerettet werden.

Wer würde es wagen, unsere Zeit als Heilszeit zu beschreiben? Nimmt doch das Unheil von allen Seiten zu! Das Thema

Wichtiges Thema
von Jesus:
Das Ende der Welt

»Weltende« ist heute allgegenwärtig. In allen Medien werden die Schreckensbilder vom Weltende immer deutlicher: Die drohende atomare Katastrophe. Zum ersten Mal in

Das Thema für heute: das Weltende

der Menschheitsgeschichte ist der Mensch in der Lage, sich selbst und diese ganze Welt zu vernichten, alles in Rauch aufgehen zu lassen. Mit den Nuklearwaffen, die in den Arsenalen der Weltmächte lagern, ist das 40 Mal möglich. Und die Klimakatastrophe: Die zunehmende Erderwärmung lässt die Pegel der Weltmeere steigen. Die Überflutung ganzer Länder droht. Und die Erschöpfung der Ressourcen. Der Mensch beutet die Erde aus. Rohstoffe werden knapp. Wie lange noch reichen die Öl- und Gasvorräte? Woher soll die nötige Energie dann kommen? Fragen über Fragen. Eine erschreckender als die andere. Dazu die Wirtschaftskrise, die weltweiten Finanzkrisen; die zunehmenden kriegerischen Auseinandersetzungen und, und, und …

Die Botschaft von Jesus wird da ganz aktuell: »Die Menschen werden vergehen vor Furcht und in Erwartung der Dinge, die kommen sollen über die ganze Erde« (Lk 21,26).

Die Angstgeneration

Noch ist der Schrecken gar nicht da, aber die Furcht lähmt schon viele Menschen weltweit. Wir heute gehören zu einer Generation, die in allen Bereichen Angst hat. Lebensmittelskandale – was kann man noch unbedenklich essen? Aggressive Krankheiten – bekomme ich auch Krebs? Sich ausbreitende Seuchen wie Aids – selbst die beste Segensgabe Gottes, die Sexualität, ist immer mehr von Angst besetzt. Wo soll da Lebenslust und Lebensfreude herkommen? Wer Angst hat, kann nicht mehr klar denken. Er wird manipulierbar.

Jesus will nicht in Angst und Schrecken bringen. »Erschreckt nicht« (Mt 24,6) bedeutet auf Griechisch »durch großen Lärm in Angst geraten«. Damit kann sowohl der Kriegs-

Erschreckt nicht!

und Schlachtenlärm beschrieben sein als auch die lautstarke Propaganda der Gegner oder der Lärm der Demonstrationen großer Menschenmassen. Wir sehen und

hören das heute fast täglich im Fernsehen. Fanatische Massen-
aufläufe in vielen arabischen Ländern, Drohpropaganda etwa
aus Nordkorea oder dem Iran, Krieg im Irak, Terroranschläge
zum Beispiel der Al-Qaida-Kämpfer. Da kann einem wirklich
angst und bange werden. In Lukas 21,9 steht ein anderer Begriff, der inhaltlich mehr die Furcht beschreibt und den man
etwa mit »sich zusammenducken, fliehen« wiedergeben kann.
Angst führt in die Fluchtbewegung. Weg von dem Schrecken
und Unheil. Doch auch Christen können sich nicht raushalten.
Wir leben mittendrin in dieser Welt, die immer böser wird.
Eben deswegen spricht uns Jesus Mut zu, darum redet er so
deutlich vom Ende der Welt, dem zunehmenden Unheil und
dem immer größer werdenden Schrecken.

Jesus hat in seinen Endzeitreden zwei seelsorgerliche An-
liegen. Einmal: »Seht zu und erschreckt nicht« (Mt 24,6), fordert Jesus uns auf, deutlicher wiederzugeben mit
»schaut ganz genau hin«. Wir sollen also nicht vor
Angst den Kopf in den Sand stecken oder blind-
lings fliehen. Christen beobachten sehr aufmerksam, was geschieht. Sie sehen genau hin. Jesus hat
ja deutlich die Entwicklungen mit ihren Schrecken vorausgesagt. Was so deutlich vorhergesagt ist, verliert einen Großteil
seines Schreckens. Von Jesus her sind wir Christen darauf vorbereitet: Die Welt wird nicht immer besser. Nein, das Böse und
die Angst nehmen zu. Doch Christen, die Jesus vertrauen, lassen
sich nicht in die Furcht hineinziehen. Ein persönliches Beispiel:
Nach der Reaktorkatastrophe in Tschernobyl wurde wochen-
lang vor dem Verzehr von Gemüse, Salaten, Pilzen, Wildfleisch
und Beeren auch bei uns in Deutschland gewarnt. Die Strahlen-
belastung sei gefährlich. Besonders Spinat sei hoch belastet. Unser jüngster Sohn Thomas aß leidenschaftlich gern Spinat. Immer wieder fragte er: »Wann kochst du wieder mal Spinat,
Mama?« Wir wehrten immer ab. Dann las ich ein Wort von
Martin Luther: »Ich esse, was mir schmeckt, und sterbe, wann

Was zuvor gesagt ist, verliert seinen Schrecken

Gott will.« Das machte uns Mut und es gab bei uns wieder
Spinat. Allerdings haben wir auch ganz bewusst zum Essen ge-
betet: »Vater, segne diese Speise, uns – zur Verstrahlung? nein,
sondern – uns zur *Kraft* und dir zum Preise!«

Mit seiner Endzeitrede will Jesus zum zweiten Trost und
Hoffnung geben. Das ist der durchgehende Grundton seiner
Predigt. Jesus spricht das zweimal deutlich an:
Trost und Hoffnung   »Ich will euch Mund und Weisheit geben, der alle
als Grundton   eure Gegner nicht widerstehen noch widerspre-
                       chen können« (Lk 21,15), und: »Kein Haar von
eurem Haupt soll verloren gehen« (V. 18). Das sind klare Trost-
worte. Auch das ganze Buch der Offenbarung ist ein Trostbuch.
Schon das siebenmalige »wer überwindet« in den Sendschreiben
(Offb 2-3) lenkt den Blick auf die Bewahrung in allen Nöten.
Immer wieder klingt in den Lob- und Dankliedern der vollendeten Gemeinde dieser Ton des Trostes und der Hoffnung
durch. Der Herr lässt die Seinen nicht untergehen, das ist seine
Zusage. »Die Pforten der Hölle sollen sie (die Gemeinde) nicht
überwältigen« (Mt 16,18). Jesus ruft seine Gemeinde hinein in
den Mut freudiger Erwartung: »Wenn aber dieses anfängt zu
geschehen, dann seht auf und erhebt eure Häupter, weil sich
eure Erlösung naht« (Lk 21,28). Also nicht Furcht und Flucht,
sondern »Kopf hoch«, gespannte Erwartung und feste Hoffnung
auf die Heilsvollendung.

Die Endzeitrede von Jesus ist Predigt im ursprünglichen
Sinn, nämlich Auslegung biblischer Texte. Sie ist eine Aus-
                       legung, Weiterführung und Aktualisierung be-
Daniel, Prophet der   sonders der Propheten Daniel und Sacharja. Zwar
Völkergeschichte   haben alle alttestamentlichen Propheten Offenba-
                       rungen von Gott über den Gang der Weltge-
schichte und das Weltende, aber Daniel und Sacharja ragen dabei in besonderer Weise heraus. Daniel ist der einzige Prophet,
der den Gang der Welt- und Völkergeschichte von seiner Zeit
an (ca. 600 v. Chr.) bis zur Auferstehung der Toten und der

Wiederkunft von Jesus Christus sieht. Besonders das zweite Kapitel mit dem Bild von den vier Weltreichen und die Kapitel 7-12 entfalten die Offenbarungen, die Gott ihm geschenkt hat. Es handelt sich dabei nicht um seine eigenen Gedanken und Vorstellungen. Daniel versteht die ihm zuteil werdenden Offenbarungen zunächst nicht; deswegen erklärt ihm ein Engel, was das alles bedeutet. Jesus legt in seiner Endzeitrede viele Linien aus dem Buch Daniel aus. So nennt er ausdrücklich den Propheten Daniel (Mt 24,15) und fügt hinzu: »Wer das liest, der merke auf«, im Griechischen deutlicher: »Der Leser verstehe es.« Das heißt: Das Buch Daniel lag geschrieben vor, und die Leser sollen sich intensiv um das Verständnis und die Auslegung dieses Prophetenbuchs mühen. Dazu gibt Jesus die Anleitung. Er predigt hierbei also nicht »Neues« im Sinne von noch nie Dagewesenem, sondern er verdeutlicht und vervollständigt die Prophetie des Alten Testaments und besonders des Daniel-Buches. Der Verlauf der Völkergeschichte bis zum Weltende wird ausgehend von Daniel über Jesus in seinen Endzeitreden bis hin zum erhöhten Christus im Buch der Offenbarung immer ausführlicher beschrieben.

Der Prophet Sacharja erhält eine Gottesoffenbarung über den Verlauf der Geschichte des Volkes Israel. Von seiner Zeit an (ca. 540 v. Chr.) nach der Rückkehr Israels aus der babylonischen Gefangenschaft bis hin zur Ankunft des Messias in Herrlichkeit. Die Zukunft Israels ist sein besonderes Thema. Jesus greift in seiner Endzeitrede auch Sacharja auf und führt ihn weiter: »Wie der Blitz … so wird auch das Kommen des Menschensohns sein« (Mt 24,27); Sacharja hatte angekündigt: »Der Herr wird über ihnen erscheinen … wie der Blitz« (Sach 9,14). Jesus spricht vom »Wehklagen aller Geschlechter auf Erden« (Mt. 24,30), Sacharja hatte von der Wehklage aller Geschlechter Israels bei der Wiederkunft des Messias gesprochen (Sach 12,10-11). Auch die Tatsache, dass allein Gott der Vater den genauen Zeitpunkt

Sacharja, Prophet für die Geschichte Israels

kennt (Mt 24,36), wurde zuerst von Sacharja verkündigt (Sach 14,7).

Ein Thema von Sacharja, nämlich die Christusherrschaft im zukünftigen Friedensreich, greift Jesus nicht ausdrücklich auf. Nur Sacharja erhält diese Offenbarung von der Königsherrschaft des wiederkommenden Christus in ganz besonderer Klarheit. Der auferstandene Christus spricht dieses Geschehen in seiner Offenbarung an Johannes nur sehr kurz an (vgl. Offb 20,1-6). Dafür gibt es wohl zwei Gründe. Erstens: Das kommende Friedensreich beziehungsweise das Tausendjährige Reich ist kein Thema für die christliche Gemeinde, denn sie wird vorher entrückt. Nach Offenbarung Kapitel 20 werden die vollendeten Glaubenden in dieser Zeit mit Christus dem König regieren und auf dieser Erde Gerechtigkeit aufrichten. Zum Zweiten ist das Tausendjährige Reich besondere Heilszeit und Heilserfüllung für Israel. Das Tausendjährige Reich ist gefüllte Israelzeit: Da wird Israel zum Segen für die ganze Welt. Da gibt es überwältigende Fülle und durchstrahlenden Segen für die ganze Erde von Gott und seinem Christus, seinem erstgeliebten Sohn. Das Wichtigste an diesem Tausendjährigen Reich ist nicht, wie herrlich die Zustände sein werden, sondern welch einen überbordenden Segen es für die ganze Welt, die Völker, die Natur, ja für alles, was geschaffen ist, bedeutet, wenn Israel und sein Christus in vertrauender, liebender, engster Gemeinschaft leben. Da allein liegt Heil, Friede und Segen für Israel, wenn es seinen Messias anerkennt, ihn anbetet und seinem Willen folgt.

Was für Israel gilt, ist grundlegend für die ganze Heilsvollendung. Alle biblische Zukunftsprophetie gipfelt in der Person Jesus Christus. Seine Wiederkunft ist die Vollendung der Heilszusagen Gottes. Jesus verkündigt nicht nur die Heilsfülle. Er selbst, in seiner Person, ist Gottes ewiges, volles Heil. Seine erste Predigt: »Das Reich

(Marginalien: Das zukünftige Friedensreich, wichtiges Thema des Sacharja / Die Er-Lösung)

Gottes ist herbeigekommen« (Mk 1,15) wird nur dann wirklich
greifbar, wenn eins deutlich gesehen wird: Jesus ist der König
des Reiches Gottes. Der König ist da, damit bricht das Gottesreich in diese vergehende Welt herein. Die Wiederkunft von
Jesus Christus ist der alleinige Zielpunkt der Endzeitrede. Die
Ankündigung »eure Erlösung naht« (Lk 21,28) ist personal zu
fassen: »Jesus, der Christus Gottes, der Erlöser kommt und
macht dieser bösen Welt ein Ende. Seine Gegenwart – in Einheit mit dem Vater und dem Heiligen Geist – füllt und gestaltet
die Ewigkeit. Nicht die Zustände im ewigen Himmel sind wichtig, sondern die völlige Christus- und Gottesgegenwart.« »Und
er (der dreieinige Gott) wird bei ihnen wohnen …« (Offb 21,3).
Das ewige Jerusalem ist geprägt von der Gottesgegenwart. Die
Stadt aus Gold erhält ihren Glanz von der Herrlichkeit des an-
wesenden Gottes: »Die Stadt bedarf keiner Sonne noch des
Mondes, dass sie ihr scheinen; denn die Herrlichkeit Gottes
erleuchtet sie, und ihre Leuchte ist das Lamm« (V. 23).

Schon Jesaja fasste die Heilsfülle, die endgültige Erlösung, im
Bild der Hochzeit, wie Bräutigam und Braut vereint sind, zusammen. »Wie sich ein Bräutigam freut über die
Braut, so wird sich dein Gott über dich freuen«   **Die Hochzeit**
(Jes 62,5). Was er für Israel, das erwählte, erstge-   **des Lammes**
liebte Volk Gottes sah, wird dann von Jesus auf die
Seinen, auf die neutestamentliche Gemeinde, auf uns Christen,
ausgeweitet. Das Gleichnis von den zehn Jungfrauen (Mt
25,1 ff) verdeutlicht die Endzeitpredigt. Der Bräutigam steht
für den wiederkommenden Christus und die Hochzeit dafür,
dass Jesus nun mit den Seinen ewig verbunden ist. Jesus benutzt
in seinen Gleichnissen immer wieder das Bild der Hochzeit,
wenn er von der Heilsvollendung spricht. Im Gleichnis von
der königlichen Hochzeit (Mt 22,1 ff) erzählt Jesus von der Ablehnung der zuerst eingeladenen Gäste. Dies ist seine prophetische Schau, wie Israel seinen Messias ablehnt. Diejenigen, die
eingeladen werden sollen, die von den »Straßen … wen ihr fin-

det« (V. 9), das sind wir, die neutestamentliche Gemeinde, die seinem Ruf und seiner Einladung folgen und das »hochzeitliche Gewand« (V. 11) anziehen. Das ist das Gewand der geschenkten Gerechtigkeit. Der auferstandene Christus zeigt dann dem alten Johannes das Schlussbild der Hochzeit. Das ist die Heilsvollendung: »Die Hochzeit des Lammes ist gekommen, und seine Braut hat sich bereitet« (Offb 19,7).

Die errettete Jesusgemeinde ist die »Braut« (Offb 21,2) und Christus der Bräutigam. Zweierlei wird dabei noch einmal deutlich. Erstens: Alles läuft auf Jesus Christus zu. Bei

Der Bräutigam   einer Hochzeit ist vieles wichtig, das Festessen, die hochzeitlichen Kleider, die Gäste, die Sitzordnung, die Musik, die Geschenke usw. Aber was nützt es, wenn das alles aufs Genaueste vorbereitet ist, aber der Bräutigam fehlt? Die Hochzeitshoffnung, die Heilshoffnung der Vollendung hängt ganz allein an einer Person: Jesus Christus.

Das Bild der Hochzeit beinhaltet Freude, Jubel, Lob und grenzenlose Liebe. So sieht christliche, biblische Endzeiterwartung aus. Sie ist durchdrungen von wachsender

Nicht Welt-   Freude, aufkommendem Jubel und durchklingen-
beerdigung   dem Lob. Sieht man uns Christen das an? Spürt man uns das ab? Oft leben doch Christen so, als ob sie zu einer Beerdigung gehen. Verbissen, mit griesgrämigen Gesichtern und von Ängsten und Sorgen zermürbt. Wir leben in der Zeit der Hochzeitsvorbereitung, hoch spannend, in wachsender Vorfreude mit sehnsuchtsvoller Liebe. Und wir sind zugleich Menschen, die zur Hochzeit einladen. Das meint Jesus in seinem Gleichnis damit, dass der Herr (Gott selbst) zu seinem Knecht sagt: »Geh hinaus auf die Landstraßen und an die Zäune und nötige sie hereinzukommen, dass mein Haus voll werde« (Lk 14,23).

Weil das Ziel der Weltgeschichte die Hochzeit ist, die endgültige, ewige Gemeinschaft zwischen Christus und seiner Gemeinde, gibt der Bräutigam seiner Braut Hilfen und Ratschläge

zur Vorbereitung auf die Hochzeit. Deshalb richtet Jesus seine
Endzeitrede zunächst an die Jünger, nicht, wie meistens, an alles
Volk. Matthäus, Markus und Lukas betonen das.
»Als er auf dem Ölberg saß, traten seine Jünger zu   Predigt für die Jünger
ihm, als sie allein waren ... und Jesus sprach zu
ihnen ...« (Mt 24,3.4, vgl. Mk 13,9 und Lk 21,2). Auch das
ganze Buch der Offenbarung ist zuerst an die christliche Gemeinde adressiert. »Dies ist die Offenbarung Jesus Christi, die
ihm Gott gegeben hat, seinen Knechten zu zeigen, was in Kürze
geschehen soll« (Offb 1,1). Folgerichtig richten sich die ausführ-
lichen Gruß- und Mahnworte der sieben Sendschreiben (Offb 2
und 3) ganz ausschließlich an die christlichen Gemeinden.

Doch ist die Endzeitrede keine Geheimlehre und das Buch
der Offenbarung nicht Geheimwissen nur für Eingeweihte. Die
Endzeitrede und die Offenbarung sind in der Bibel
niedergeschrieben, für jeden zugänglich. Die Ver-   Keine Geheimlehre
heißung am Anfang lautet:»Selig ist, der da liest
und die da hören die Worte der Weissagung und behalten«
(Offb 1,3). Die Botschaft vom Ende der Weltzeit hat Jesus von
Anfang an öffentlich verkündigt. Schon in seinem ersten Aufruf
ist das klar:»Tut Buße, denn das Himmelreich ist nahe herbeigekommen« (Mt 4,17). Deshalb ist und bleibt die Endzeit, die
Wiederkunft von Jesus Christus, entscheidendes Predigt- und
Lehrthema der christlichen Verkündigung.

Eine Kirche, die nicht mehr die Wiederkunft des Christus
bezeugt, bricht dem Evangelium die Spitze ab. In der indischen
Nethanja-Kirche in Andhra-Pradesh werden den
Täuflingen bei der Großtaufe drei Fragen gestellt: Die Wiederkunft von
»Glaubst du, dass Jesus Christus Gottes Sohn ist?   Jesus, das erste
Glaubst du, dass durch sein Blut, seinen Tod am   Thema
Kreuz, deine Sünden vergeben sind? Willst du ihm
treu bleiben, bis du stirbst oder bis er wiederkommt?« Darin
ist das Evangelium ganz kurz zusammengefasst. Die lebendi-
ge Hoffnung der Erwartung,»bis er (wieder)kommt« (1. Kor

11,26), soll für uns so wirklich sein. Was wäre die Erlösung, die
Vergebung der Sünden, das neue Leben im Heiligen Geist,
wenn nicht alles in der ewigen Gemeinschaft mit Jesus Christus
mündete? Wer die Wiederkunft leugnet, predigt letztlich ein
kraftloses, hoffnungsloses Evangelium. Wie oft haben Theologen – gerade heute – versucht, die Endzeitrede von Jesus und
das Buch der Offenbarung abzutun. Das seien zeitgebundene,
überholte Vorstellungen; später ersonnene Sätze, Jesus in den
Mund gelegt; Fantasien, die überhitzten Gemütern entsprungen
seien usw. So wird die Kirche saft- und kraftlos, bietet nur noch
Vorschläge zur Weltverbesserung und Hilfen zur Lebensbewäl-
tigung an. Und sie betrügt die Menschen um die Ewigkeit.

Wir Christen sprechen die Worte von Jesus mit und nach.
Wir bezeugen klar, werbend und fröhlich die wachsende Hoffnung auf die Vollendung der Errettung, die mit
der Wiederkunft von Jesus Christus kommt. Nicht
die Verbesserung der Welt ist unser Thema, sondern der neue Himmel und die neue Erde, deren
Herrlichkeit die Gegenwart des königlichen Christus widerspie-
gelt. Diese sehnsüchtige, wachsende, lobende und freudevolle
Hoffnung durchpulst unser Leben und unser Zeugnis. Dass einmal ewiges Heil sein wird, dass Jesus Christus eines Tages Herrlichkeit und Ewigkeit schaffen wird, das können nur Christen
sagen, die das durchgehende Zeugnis der Bibel ernst nehmen.

Jesus will, dass wir wissen, was kommt – ja, dass Er kommt.
Dies soll uns zum Trost dienen, uns Mut und Hoffnung in der
angsterfüllten Welt geben und der Menschheit ein aufrüttelndes
Zeugnis sein, das Mut macht zum Glauben.

*Christen bezeugen
die Ewigkeit*

Kurz zusammengefasst

1) Jesus beantwortet die Frage der Jünger nach den Zeichen für
   das Weltende ausführlich.

2) Das Thema Weltende wird heute in vielerlei Weise diskutiert.

3) Christen warten auf die vollendete Erlösung mit der Wiederkunft von Jesus Christus.

Zum vertiefenden Gespräch

1) Wir tragen zusammen, welche Weltuntergangsszenarien
heute kursieren.

2) Ist die Lehre von Jesus über das Ende der Zeit nur für Eingeweihte bestimmt?

3) Warum ist die Endzeit Zeit der Gnade?

Bibeltexte

Matthäus 4,17; 22,1-14; 24,1-3.6.15.26-36;
Lukas 21,12-19.25-28

Vorschlag zur Bibelarbeit

Einleitung
Vom Weltende reden heute viele. Die Predigt von Jesus dazu ist
überraschend aktuell.

1) Das Ende der Welt kommt
Der Optimismus ist verflogen. Fast täglich werden in den Medien Mutmaßungen über das nahe Weltende diskutiert. In der
Regel sind es Voraussagen, die Angst und Schrecken verbreiten.
Angst prägt unsere Gesellschaft weitgehend. Auch Jesus redet
vom Ende der Welt. Ganz nüchtern. Es werden viele Schre-
ckensereignisse eintreten. Kriege, Bürgerkriege, Erdbeben,

Hungersnöte, und zwar weltweit. Die Welt wird nicht immer besser, sie taumelt dem Ende entgegen. Viele seiner Voraussagen erfüllen sich heute, brandaktuell. Doch Jesus will keine Angst schüren, sondern Trost, Hoffnung und tiefere Einblicke geben. Christen sehen nüchtern diese Zeit, aber in wachsender Erwartung.

2) Christen warten mit wachsender Freude

Wir leben als Christen mittendrin in den vielen Nöten und Schrecken. Aber Jesus gibt einen ganz neuen Blick. Wir warten nicht auf das Weltende als Untergang in Chaos und Schrecken. Nicht das Weltende ist das eigentliche Thema, sondern die Wiederkunft von Jesus Christus. Sein Wort gibt Mut und Durchblick. »Erhebt eure Häupter.« Wir warten nicht auf die Weltkatastrophe, wir erwarten die Vollendung des Heils, den König Gottes, das Reich des Königs Jesus Christus. So beginnt Jesus seine öffentliche Predigt: »Das Himmelreich ist nahe herbeigekommen.« Das ist sein Thema und für Christen ein Freudenruf. Dieses Reich wird trotz alles Bösen durchbrechen und Wirklichkeit werden. Nicht oberflächlich. Sondern: »In dir ist Freude, in allem Leide« (Cyriakus Schneegaß).

3) Das Ende ist Vollendung

Immer wieder gebraucht Jesus, wenn er vom Ende der Welt redet, das Bild von der Hochzeit. Wir Christen sind die Braut und das Weltende bringt die Vereinigung mit dem Bräutigam. So wird die Endzeit zur spannenden Vorbereitungszeit auf das Fest in der Ewigkeit. Wir erwarten nicht zuerst bessere Zustände, sondern die Gemeinschaft mit dem Bräutigam ist unser Thema. Er wird auch das Böse, den Bösen endgültig besiegen, den neuen Himmel und die neue Erde schaffen. Jesus will mit seiner Endzeitpredigt ein Zweifaches: Dass wir wissen, *was* kommt, und dass wir wissen, *wer* kommt. Was vorher gesagt ist, verliert viel von seinem Schrecken.

Schluss

Die Erlösung ist die Er-Lösung. Christus ist das Heilsziel, die Heilsvollendung.

2. Endzeit – Letztzeit

Seit der Geburt von Jesus hat die Endzeit begonnen. Jesus selbst verkündigt es als Erstes, als Grundton seiner Botschaft: »Die Zeit ist erfüllt« (Mk 1,15). Für »Zeit« steht im Griechischen sonst der Begriff »*chronos*«, »gezählte Zeit«, im Unterschied zu dem Wort hier, »*kairos*«, das auch Gnadenzeit oder Heilszeit bedeutet. Die Weltzeit geht zu Ende. Das ist ein durchgehendes biblisches Thema. Schon nach der Sintflut – fast wäre da schon das Weltende gewesen – sagt Gott klar: »Solange die Erde steht …« (1. Mose 8,22). Im Hebräischen heißt das »solange« »alle Tage, die Gesamtheit der Tage«. Damit ist ein Ende der Tage mitgedacht. Diese Schöpfung, die ganze Welt hat einmal ein Ende. Das Weltende kommt, das endgültige Aus! Das ist seit Adams Sünde, seiner Trennung von dem Ewigen, dem Gott, der da ist, der da war und der da kommt, die unabwendbare Wirklichkeit. Der Mensch, ja, die ganze Schöpfung trägt den Todeskeim in sich. Seit dem Sündenfall steht die Welt unter dem Vorzeichen des Todes, des Untergangs. Diese Erkenntnis wird heute vielen ernsthaften Wissenschaftlern immer deutlicher. Der Klimawandel, die zu Ende gehenden Energieträger, das Aussterben vieler Tier- und Pflanzenarten, alles deutet auf ein Ende hin. Selbst kosmische Katastrophen wie Sonnenstürme oder der Einschlag eines Asteroiden auf der Erde sind keine wilden Spekulationen mehr, sondern ernsthaft diskutierte Gefahren. Ganz zu schweigen davon, wie wir Menschen in zügelloser Gier die Natur ausbeuten und zugrunde richten. Das Ende der Welt ist unbestreitbar.

Doch trotz, ja, gerade wegen des unausweichlichen Untergangs lässt Gott seine Schöpfung, seine Geschöpfe, nicht los. Im »solange die Erde steht« gibt er eine Garantie für den Fort-

bestand der Erde. Der Noah-Bund mit dem Regenbogen als
Bundeszeichen ist das Siegel dafür. Die Welt treibt nicht ziellos
und schicksalhaft in den Untergang. Gott erhält
Gottes Garantie   sie. Ja, das Ende der Welt kommt, aber wann und
wie Gott es beschlossen hat. »Das muss so geschehen«, (Mt 24,6) sagt Jesus deshalb. Es ist das »Muss« des göttlichen Plans, das »Muss« seines Willens, der im Tiefsten Heilswille ist. Weil wir Christen das so gewiss aus dem biblischen
Wort wissen, lassen wir uns nicht mitreißen von den unkontrollierten Ängsten und Schreckensszenarien, die so viele lähmen. Nein, die Erde wird sich nicht in Rauch auflösen, weil
irgendein Irrer den roten Knopf drückt, der den atomaren Untergang einleitet. Nein, die Erde wird nicht in der Sonne verglühen, weil ein riesiger Asteroideneinschlag sie aus ihrer Umlaufbahn katapultiert. Nein, diese Erde wird nicht von einem
dicken Eispanzer überzogen werden. Auch wird sie nicht unter
sengender Hitze zur leblosen Wüste werden, oder durch den
Anstieg des Meeresspiegels von einer einzigen Wassermasse
überschwemmt. So etwas machen uns erfolgreiche Katastrophenfilme weis, und heizen damit die Ängste der Menschen gefährlich an. Gott behält die Kontrolle über die Welt. Es »soll
nicht aufhören Saat und Ernte, Frost und Hitze, Sommer und
Winter, Tag und Nacht« (1. Mose 8,22). Jesus Christus wird
nicht in einer verglühenden Gaswolke wiederkommen, sondern
»seine Füße werden stehen ... auf dem Ölberg« (Sach 14,4).
Das Weltende wird vollendet mit der Wiederkunft von Jesus
Christus. Das ist biblisch begründete Hoffnung, die allen Katastrophenängsten wehren kann.

Der Begriff »Weltende« ist heute fast immer mit Angst und
Schrecken besetzt. Doch nüchternes Nachdenken kann auch zu
einer anderen Einschätzung kommen. Gott sei Dank geht diese
Welt zu Ende. Das Böse, das Unheil und die Zerstörung, die
unsere Welt immer mehr bestimmen, das geht nicht endlos weiter. Das ist eine so erleichternde Sicht. Schon Kinder begreifen

das. Bei Zehnjährigen erzählte ich im Religionsunterricht von den Stammvätern der Menschheit, von Methusalem etwa, der 969 Jahre alt wurde (vgl. 1. Mose 5,25-27). Ein Junge sagte tief beeindruckt:»So alt möchte ich auch werden.« Seine Banknachbarin sah ihn an und entgegnete spontan:»Dann wärst du aber sehr runzelig.« Menschliches Leben unter den Bedingungen dieser Weltzeit mit Krankheit, Unglück, Schwächen und den Mühen des Alters auf ewig verlängert, das wäre grauenvoll. Es ist Gnade, dass unser Leben begrenzt ist. Es ist Gnade, dass diese Welt nicht endlos weitergeht, sondern ein Ende hat. Die Frage ist nur: Was kommt dann?

Gott sei Dank, diese Welt hat ein Ende

Eben hier gibt die Bibel die entscheidende Antwort. Völlig anders als die großen Religionen. Die Antwort, die Gott selbst offenbart hat und die in Jesus Christus Wirklichkeit wurde. Jesus ist Gottes Antwort auf die Frage nach der Zukunft der Welt und der Menschen. Alle Religionen suchen und geben Antworten auf die Frage nach der Zukunft der Welt und von uns Menschen. Konzentriert zusammengefasst sind es hauptsächlich drei Antworten:

Religionen antworten auf die Frage nach der Zukunft

Der Islam lehrt: Nach dem Tod winkt denen, die Allah ergeben waren, (vielleicht) das Paradies. Es wird breit beschrieben als Ort der Freude in jeglicher Hinsicht, auch der sexuellen Erfüllung. Den Märtyrern, besonders denen, die für Allah im Heiligen Krieg ihr Leben geopfert haben, winken große Belohnungen, etwa dass ihnen viele Jungfrauen als Gefährtinnen zur Verfügung stehen. Das Paradies wird gezeichnet als eine überhöhte Welt. Was hier und jetzt ist, wird dann im Paradies auch sein. Nur ohne Mangel, mit Überfluss und ewiger Dauer. Also eine positive Potenzierung der bestehenden Welt. Allerdings gibt es für keinen Moslem Gewissheit, dass er ins Paradies aufgenommen wird. Das entscheidet allein Allah, dessen Urteil keiner voraus-

Das Paradies des Islam

sehen kann. Der Moslem kann sich nur beständig mit ganzer Kraft bemühen, nach dem Koran und seinen Geboten zu leben. Es ist im Grunde der Leistungsgedanke, der den Islam prägt. Verbunden mit aller Unsicherheit, ob meine Leistung auch genügt.

Eine zweite Antwort versucht der Hinduismus. Der Tod wird seiner Endgültigkeit entkleidet. Er ist Wiedergeburt, der Eingang in ein weiteres Leben auf dieser Welt. Auch Viele Wieder- hier steht im Hintergrund das Leistungsprinzip. geburten Hat ein Mensch sein Leben sittlich und ethisch gut gelebt, nach den vielfältigen Schriften des Hinduismus, so wird er in einem besseren Leben auf einer höheren Stufe wiedergeboren. Also etwa nicht mehr in der verachteten Kaste der Unberührbaren, der völlig Rechtlosen, sondern vielleicht als gut angesehener Handwerker oder Händler. Die höchste Stufe der Wiedergeburt als Mensch ist die des Brahmanen. Sie, die Priester der Hindureligion, werden oft als fast schon den Göttern gleich verehrt. Doch ein Abstieg ist genauso möglich. Wird ein Leben durch Böses und Unsittliches gestaltet, dann geschieht die Wiedergeburt auf einer niederen Stufe, bis hin zu Würmern und Insekten. Der Hinduismus kennt bis zu drei Millionen Wiedergeburten. Die Frage nach der Zukunft, was nach dem Tod kommt, wird also fast unendlich weit hinausgeschoben.

Im Buddhismus wird ein letztes Ziel benannt: Nach dieser Reformbewegung aus dem Hinduismus ist die Vollendung des Menschen der Eingang in das Nirwana, das letzte, Nirwana unbewegte Nicht-Sein. Das Individuum wird völlig ausgelöscht und hineingezogen in Brahman, den Urgrund und die letzte Quelle allen Seins. Dieser Zustand ist eigentlich nur zu definieren, indem man beschreibt, was er nicht ist. Das Leben selbst, meine Begierden, meine Wünsche, mein Streben und Handeln ist letztlich nur eine Täuschung. Mein Lebenswille zwingt mich ins Rad der Wiedergeburten mit allen Leiden, die unausweichlich jedes Leben ausmachen. Das Nirwana setzt dem allen ein Ende. Das Ziel des Lebens mit all seinem Schweren ist die Auslöschung aller Bewegung, das unbewusste Nicht-mehr-Sein. Diese Antwort auf die Frage nach der Zukunft des Menschen ist eigentlich eine Verneinung allen Lebens. Der Sinn des Lebens liegt im Nicht-mehr-Leben.

Eine dritte Antwort gibt die »Religion« des Atheismus. Ja, auch die konsequente Leugnung des Göttlichen oder eines personalen Gottes ist eine Religion – in dem Sinn, dass der Mensch sich aufmacht, sich selbst und die Welt zu verstehen. Die Sinnfrage wird ganz pragmatisch beantwortet: Das Leben hat keinen höheren Sinn. Es soll so gut und so angenehm wie möglich gelebt werden ohne Kopfzerbrechen über tiefere Zusammenhänge oder Sinnfragen. So wird auch die Frage nach der Zukunft sehr deutlich, geradezu brutal beantwortet. Wie der Volksmund sagt: »Eins achtzig tief und aus!« Es gibt keine Zukunft für das Leben. Mit dem Sterben und Tod vollzieht sich die Vernichtung, das endgültige Aus.

Das Ende als endgültiges Aus

Eine idealisierte, überhöhte Welt als Zukunft; der Eingang in das Nicht-mehr-Sein, die Auslöschung der Person, des Individuums oder das harte, endgültige unwiderrufliche Aus: Versuche, die Frage nach dem Ende, nach der Zukunft zu klären. Geringschätzung, Ablehnung und Verurteilung der Religionen ist allerdings nicht hilfreich, denn in allen sind Wahrheiten und tiefe Einsichten zu finden: Ja, die Ewigkeit, Gottes Neuschöpfung ist Fülle, Überfluss und Heil. Ja, das ewige Leben ist das Ende allen Leidens, aller Not und aller Mühen. Ja, es gibt ein endgültiges, unumkehrbares Aus in der Hölle der Gottesferne. Alle Religionen kennen das ethische Konzept von »Gut und Böse«. Das Entscheidende aber, was in allen Religionen fehlt, ist der Glaube an und die Beziehung zu einem persönlich erfahrbaren Gott, den Schöpfer, Erhalter und Vollender allen Lebens. An den Gott, der bedin-

Der versöhnte Gott

gungslos liebt, seine Geschöpfe sucht und Rettung und Heil will. Den der Sohn Gottes in Klarheit offenbart und der zur ewigen Gemeinschaft mit sich einlädt. Den Gott, der allem Bösen ein Ende macht und dem Glaubenden jetzt schon ein gutes ewiges Leben gibt. Erst mit dieser Offenbarung des biblischen Gottes verliert der Gedanke des Weltendes für Christen seinen tiefsten Schrecken. An die Stelle von Schrecken und Entsetzen treten gespannte Erwartung, wachsende Vorfreude und gewisse Hoffnung. Ich vertraue auf die Erlösung durch Jesus Christus und seine rettende Gnade.

Seit der Geburt von Jesus ist Endzeit. Gott vollendet die Welt durch seinen Sohn. Deshalb ist die Endzeit auch Freudenzeit.

Endzeit ist Gnadenzeit

Der Engel Gottes verkündigt den Hirten: »Siehe, ich verkündige euch große Freude, … denn euch ist heute der Heiland geboren!« (Lk 2,10-11). Der Heiland, der Retter, der Erlöser ist jetzt da. Und eben das kündigt der Engel Josef an: »Er wird sein Volk retten von ihren Sünden« (Mt 1,21). Deshalb bezeichnet Paulus die Endzeit als »Zeit der Gnade … Tag des Heils« (2. Kor 6,2). In Jesus Christus ist Umkehr und Heimkehr zu Gott möglich. Durch seinen Tod am Kreuz sind wir versöhnt mit Gott. Jeder, der an ihn glaubt und seine Sünde bekennt, empfängt Vergebung der Sünden, ist gerecht vor Gott. Das ist das Evangelium. Jesus in seiner Person ist das Evangelium, ist Person gewordene Gnade. Das betont er immer wieder: »Der Menschensohn ist gekommen, zu suchen und selig zu machen, was verloren ist« (Lk 19,10). So bekennt auch der Apostel Johannes am Anfang des Buches der Offenbarung Jesus Christus als den, »der uns liebt und uns erlöst hat von unseren Sünden mit seinem Blut« (Offb 1,5).

Dieses Evangelium, dieser Jesus wird nun verkündigt. Zuerst in Israel, aber dann auch allen Menschen. Das ist der Auftrag von Jesus Christus an seine Jünger, an seine Gemeinde, die ganze Endzeit hindurch, bis zu seiner Wiederkunft. »Das Evan-

gelium muss zuvor gepredigt werden unter allen Völkern« (Mk
13,10), sagt Jesus in seiner Endzeitrede und verdeutlicht:»Es
wird gepredigt werden dies Evangelium vom Reich
in der ganzen Welt zum Zeugnis für alle Völker,   Endzeit ist
und dann wird das Ende kommen« (Mt 24,14).   Missionszeit
Deshalb gibt der auferstandene Christus vor seiner
Himmelfahrt den Jüngern, seiner Gemeinde, für die ganze Endzeit den bleibenden Auftrag:»Gehet hin in alle Welt und predigt das Evangelium aller Kreatur« (Mk 16,15). Jeder, der diesem Evangelium glaubt, der Jesus Christus vertraut,»der wird
selig werden« (Mk 16,16).
Jesus betont:»zum Zeugnis« (Mt 24,14). Rettung ist also
kein Zwangsgeschehen. Jeder kann und muss entscheiden, ob
er dem Zeugnis glaubt. Ob er das annimmt, was
die Augen- und Ohrenzeugen, eben die ersten Jün-   Zum Zeugnis
ger von Jesus bezeugen, wörtlich: an was sie erin-
nern. Deshalb haben sie das Evangelium aufgeschrieben. Die
vier Evangelien bezeugen das Leben, Sterben und Auferstehen
des Menschen Jesus von Nazareth. Sie bezeugen ihn als den
Sohn Gottes, als den Heiland, als den Retter der Welt. Dieses
Zeugnis liegt schriftlich vor. Menschen können es lesen, hören
und eine Entscheidung treffen.»Zum Zeugnis« schließt also
ganz nüchtern mit ein, dass es auch solche gibt, die dieses Zeugnis ablehnen und nicht glauben. Wir haben nicht die Verheißung, dass alle gläubig werden, wohl aber den dringenden Auftrag, alle das Evangelium hören zu lassen.»Ihr werdet meine
Zeugen sein … bis an das Ende der Erde« (Apg 1,8), sagt der
Auferstandene seinen Jüngern.»Ende« ist hier auch räumlich
gemeint, bis in die entlegensten und fernsten Winkel dieser
Erde. Und das geschieht heute. Durch die modernen Kommu-
nikationsmittel wie Radio, Fernsehen und Internet erreicht das
Evangelium schon fast jede Gegend unserer Welt.
    Aber auch das ganz wörtlich verstandene Hingehen bleibt
wichtig. So leben etwa Millionen von Menschen noch abge-

schieden in unerreichten Gebieten, wie etwa im indischen
Dschungel. Die Evangelisten und Missionare der indischen Nethanja-Kirche in Andhra-Pradesh und Orissa sind
An das Ende der Erde   in den unerreichten Gebieten des Siler-Dschungels
unterwegs, unter unsäglichen Mühen und sogar
manchmal unter Einsatz ihres Lebens. »Es gibt noch über tausend unerreichte Dörfer, in denen noch nie von Jesus gepredigt
wurde«, sagte uns ihr Bischof K. R. Singh Komanapalli. »Jesus
will, dass alle Menschen sein Evangelium hören. Wir wollen
ihm den Weg bereiten, dass er kommen kann«, fügte er mit
Verweis auf Mt 24,14 hinzu. Der Weg zu den Unerreichten
kennzeichnet gerade heute viele missionarische Bemühungen.
Angefangen mit den endlosen Weiten Sibiriens, wohin etwa
die Missionare der deutschen Missionsgesellschaft »Licht im Osten« vordringen, über die Wüstenstämme in den entlegensten
Landstrichen Afrikas bis hin zu den unzugänglichsten Gegenden Ostasiens. Seine Gemeinde nimmt den Auftrag von Jesus
ernst. Wir können seine Wiederkunft zwar nicht herbeizwin-
gen, aber im Gehorsam zu seiner Verheißung den Weg bereiten,
in der sich sehnenden Erwartung: »Dann wird das Ende kommen.«

Das griechische Wort für »Zeugnis«, *martyrion,* haben wir in
unsere Sprache übernommen. Märtyrer nennen wir die Blutzeu-
gen, die, die ihr Leben wegen Jesus hergeben. Das
Zum Martyrium   Evangelium trifft oft auf erbitterten Widerstand.
»Ihr werdet gehasst werden um meines Namens
willen von allen Völkern« (Mt 24,9), sagt Jesus nüchtern voraus.
Weil Jesus Christus als der Weg, die Wahrheit und das Leben
bezeugt wird, ohne den es keine Rettung gibt, entflammt der
Hass vieler Menschen gegen seine Zeugen. »Um meines Namens willen« – der Hass gegen die Christen ist Hass auf Jesus.
Sein Name ist der Gottesname. Im Tiefsten ist deshalb der Hass
gegen die Gemeinde Hass gegen Gott. Jesus, der Sohn Gottes,
macht in seiner Person alle Selbsterlösungswege des Menschen

zunichte. Er deckt die radikale Eigensucht des Menschen als die
Ursünde auf und stellt jedem Menschen seine ewige Verloren-
heit und Todesverfallenheit vor Augen. Das treibt den selbst-
herrlichen Menschen zur Weißglut. Deshalb trifft der Hass der
Welt die Verkündiger des Evangeliums.
So ist die Endzeit Zeit des wachsenden Bösen. Auch ganz
personal zu verstehen: Der Böse, der Satan, kämpft gegen die
Heilsvollendung Gottes in Jesus Christus. Petrus
schreibt: »Euer Widersacher, der Teufel, geht um- **Endzeit ist Zeit des**
her wie ein brüllender Löwe und sucht, wen er ver- **wachsenden Bösen**
schlinge« (1. Petr 5,8), wen er vollständig in seine
Gewalt bringen, sich einverleiben, wörtlich »ganz hinuntertrin-
ken« kann. Und Johannes setzt verdeutlichend hinzu: »Der
Teufel … weiß, dass er wenig Zeit hat« (Offb 12,12). Die Zeit
und die Macht des Satans sind begrenzt. Gott setzt die Grenzen.
Der Satan ist nicht Gegenspieler Gottes auf Augenhöhe, sondern (noch) zugelassen in Gottes unbegreiflicher Geduld. Warum? Woher kommt das Böse, der Böse, die Schlange im Paradies? Die biblische Antwort bleibt sehr bruchstückhaft. Von
Jesaja ausgehend (Jes 14,12-15) ist der Satan ein rebellischer
Engelfürst. »Ich will … gleich sein dem Allerhöchsten« (V. 14).
Deswegen wurde er verworfen und aus der himmlischen Herrlichkeit hinabgestürzt. Seine Ursünde, »wie Gott sein« zu wollen, pflanzte er in den Menschen, in Adam und Eva im Paradies
ein (vgl. 1. Mose 3,5).

Letztlich ist die Liebe der Grund für die Zulassung des Bösen,
des Versuchers. Liebe gibt Freiraum zur Entscheidung. Sonst ist
Liebe Hörigkeit oder Abhängigkeit. Gott will von
seinen Geschöpfen unverstellte, freiwillige Liebe. **Endzeit ist Zeit der**
Diese Liebe wird durch den Satan und seine **geprüften Liebe**
Mächte geprüft. Die Liebe zu Gott wurzelt in einem bewussten, entschiedenen Nein zum Bösen. Dieses Nein
zum Satan und seinen Verführungsversuchen ist eben in der
Endzeit ganz wichtig. Deshalb sagt Jesus: »Wer aber beharrt bis

ans Ende, der wird selig werden« (Mt 24,13). Das Wort »beharren« hat einen breiten Bedeutungsumfang. Wörtlich bedeutet es »darunterbleiben« und damit auch »aushalten, ertragen« (im Vertrauen auf Jesus standhaft bleiben), weiter beinhaltet es »festhalten« (sich an Jesus anklammern), »standhalten« (zur Verführung Nein sagen) sowie »sehnend erwarten« (das Ziel – die Wiederkunft von Jesus, das Ende des Bösen – mit gespannter Hoffnung erwarten). Zusammengefasst: »Beharren« bedeutet, ganz in vertrauensvoller Gemeinschaft mit dem auferstandenen Christus zu leben. Eben das ist Liebe, ganze Hingabe und ganze Treue zu Jesus.

Jesus wird dem Bösen ein Ende machen, nicht wir. Wir bleiben lebenslang in der Versuchung. Doch Gott hat noch Geduld. Er gibt auch dem Bösen Zeit zum Reifen, wie Jesus im Gleichnis vom Unkraut und Weizen erklärt. »Der Feind, der (das Unkraut) sät, ist der Teufel« (Mt 13,39). Ganz nüchtern stellt Jesus das fest. Aber dann sagt er: »Lasst beide miteinander wachsen bis zur Ernte« (V. 30). Dann aber, wenn Jesus wiederkommt, werden das Böse, der Böse und die Bösen in den »Feuerofen« geworfen und verbrannt (V. 40-42). Die Endzeit ist die Zeit, in der das Böse wächst und ausreift. In vielerlei Gestalt drängt es hervor: Kriege, Machtkämpfe, Hungersnöte, Ungerechtigkeit, Gotteslästerung, Verführung und Verfolgung. Da kann einem schon angst und bange werden. Noch einmal: Der Böse, der dahintersteht, hat nur Macht auf Zeit. Wer Jesus Christus vertraut, den bewahrt er vor dem Bösen. Er lehrt seine Jünger deshalb beten: »Erlöse uns von dem Bösen« (Mt 6,13).

Christen leben mittendrin in der anwachsenden Flut des Bösen. Ja, sie sind in besonderer Weise Angegriffene. Der Satan ist feige. Er tritt nie zum offenen Kampf gegen Gott an. Er weiß sehr genau, dass er gegen Gottes Allmacht keine Chance hat. Deshalb wählt er eine fiese Kampftaktik. Er greift die Kinder Gottes an. Dort, wo Gott am verwundbarsten ist, nämlich in

Gottes Geduld lässt auch dem Bösen Zeit zur Reife

seiner sehnenden, suchenden Liebe zu seinen Menschen, da greift der Satan an. Jeder Mensch, der dem Bösen folgt, fügt Gott tiefsten Schmerz zu. Gott leidet unter der Abkehr so vieler Menschen. Im Leiden von Jesus Christus am Kreuz zeigt sich diese verwundete Liebe Gottes überdeutlich. Da handelt nicht ein rachsüchtiger, zorniger, gar blutdurstiger Gott. Am Kreuz hängt der leidende, verwundete Gott, der Gottessohn, der alle unsere Lieblosigkeit, sprich unsere Sünde selbst trägt, um uns Rettung und Erlösung zu bringen. Was und wen der Satan »verschlungen« hat (vgl. 1. Petr 5,8), will Jesus wiedergewinnen, erlösen und retten. Deshalb ist das Leiden von Jesus Christus am Kreuz der umfassendste, endgültige und siegreiche Angriff gegen die Macht des Bösen. Jetzt gilt, was der auferstandene Christus sagt: »Ich … habe die Schlüssel des Todes und der Hölle« (Offb 1,18). Nur noch Macht auf Zeit hat der Satan. Wenn Jesus die Schlüssel hat, dann kann er jederzeit den Bösen einschließen. Seit dem Tod und der Auferstehung von Jesus Christus ist die Macht des Satans endgültig gebrochen. Seine Angriffe sind nur noch Rückzugsgefechte. Im auferstandenen Christus hat die Neuschöpfung begonnen. Er ist »der Erstgeborene von den Toten« (Kol 1,18; Offb 1,5). An ihm hat die stärkste Waffe des Satans, nämlich der Tod, keine Macht mehr. Jesus lebt von Ewigkeit zu Ewigkeit. Das ist sein Sieg, den er den Seinen weitergibt. »Wer an mich glaubt, der wird leben, auch wenn er stirbt; und wer da lebt und glaubt an mich, der wird nimmermehr sterben« (Joh 11,25-26). Mitten in der Endzeit, der Zeit des ausreifenden Bösen, hat das Reich Gottes begonnen und wächst siegreich seiner Vollendung entgegen.

Von der Endzeit unterscheidet Jesus deutlich die Letztzeit. Sie beginnt mit der erneuten Sammlung Israels als Volk im Land Israel. Das verdeutlicht er am Bild vom Feigenbaum, der wieder Blätter hervorbringt (vgl. Mt 24,32 f). Diese letzte Zeit hat noch eine ganz andere Qualität des Schreckens. »Das sollst

Die feige Kampftaktik des Satans

du aber wissen, dass in den letzten Tagen schlimme Zeiten
kommen werden«, schreibt Paulus mahnend an Timotheus
(2. Tim 3,1). Jesus sagt die »große Bedrängnis …

Die Letztzeit   wie sie nicht gewesen ist vom Anfang der Welt bis
jetzt« voraus (Mt 24,21). Er führt damit Dan 12,1
aus, wo eine Zeit großer Trübsal angekündigt wird. »Trübsal«
kommt im Hebräischen von »zusammenpressen, krampfen, ein-
schnüren«. Daher das Bild von den »Wehen« der Endzeit (Mt
24,8). Auf die Wehen folgen als Letztes, kurz vor der Geburt,
die Presswehen, die besonders schmerzhaft sind.

Mit der »großen Trübsal« wird also zweierlei ausgedrückt.
Zum einen: Es wird schreckliche Geschehnisse, Ängste und
Aufgipfelungen des Bösen geben. Die Not wird so

Die verkürzte Trübsal   groß, dass kein Mensch gerettet werden könnte. Doch Gott greift ein und verkürzt diese Tage
um seiner Auserwählten willen (Mt 24,22). Er verkürzt diese
Schmerzenszeit, im Griechischen »abhauen, verstümmeln, stut-
zen«. Er macht der Aufgipfelung des Bösen rechtzeitig ein Ende.
Vielleicht wird hier sogar der Gedanke ausgedrückt, dass sich
Gott selbst in den Arm fällt. Wichtiger als das Ausreifen des
Bösen ist ihm die Rettung seiner Kinder. Solche Würde haben
wir Christen: Gott ändert seinen Plan um unsertwillen. Der
ganze Lauf der Weltgeschichte wird an den Glaubenden ausgerichtet. Solche Liebe hat Gott zu den Seinen, dass er um ihret-
willen seine Ziele verändert. Wie Gott die Trübsal verkürzt,
wird nicht ausdrücklich gesagt. Ein Hinweis auf diese Verkür-
zung ist möglicherweise auch Daniels Zeitangabe »eine Zeit und
zwei Zeiten und eine halben Zeit« (Dan 12,7).

Zum anderen: »Die große Trübsal«, die Presswehen künden
an, dass die Geburt unmittelbar bevorsteht. Gottes Heilsvollendung, die Wiederkunft von Jesus Christus, die Neuschöpfung
ist nicht aufzuhalten. Gottes Heil kommt. Daher rührt unsere
Hoffnung, Vorfreude und Spannung. Allerdings ist deutlich:
Niemand wird errettet wegen seines großen Glaubens oder sei-

ner durchhaltenden Treue oder seines Mutes. Wir werden gerettet, weil Gott diese Tage verkürzt. Bis zuletzt bleibt das »Allein aus Gnade« Grundlage des Heils.

Die Zeit der großen Trübsal steht in unmittelbarem Zusammenhang mit dem Volk Israel. So sieht es schon Daniel (Kap. 12), und Jesus bestätigt ausdrücklich die Daniel gegebene Offenbarung. In der Letztzeit tritt das   Das Zeichen Israel
Volk Israel wieder in die Geschichte ein. Es gibt keine Heilsvollendung ohne Israel, das ersterwählte Volk. Wir erleben das heute mit. Seit 1948 gibt es wieder einen Staat Israel, ein Volk Israel, ein Land Israel. Die Konturen der Letztzeit werden sichtbar. Der Feigenbaum treibt Blätter (vgl. Mt 24,32). Noch keine Blüten, Knospen oder gar Früchte. Es ist noch das blinde Israel, blind für seinen Messias. Das Israel, das noch nicht vom Geist Gottes belebt und angezündet ist, wie es der Prophet Hesekiel in seiner Vision von den Totengebeinen sieht, die wieder mit Sehnen, Fleisch und Haut überzogen werden. Die entscheidende Beobachtung: »Es war noch kein Odem in ihnen« (Hes 37,8).

Die letzte Zeit ist in besonderer Weise »Israelzeit«: Zeit der Verfolgung, gnadenloser Bedrückung und vielfacher Versuche, Staat und Volk Israel auszulöschen. Im Tiefsten gilt der größte Hass des Satans eben Israel. Weil   Satans Hass auf Israel
dieses Volk in einzigartiger Weise Gottes Volk ist. Weil Gottes erste Liebe Israel bleibend gilt. Weil Israel eine ewige Verheißung hat, und weil Israel Gottes Segensträger für die Welt ist. Wieder die feige Kampftaktik des Satans, hier zugespitzt. Gegen Gott selbst hat er keinerlei Chance, also sucht er ihm größtmöglichen Schmerz zuzufügen, indem er Gottes geliebten Sohn angreift.

Israelfeindschaft ist tief verwurzelt in der Gottesfeindschaft. Gerade in der letzten Zeit wird weltweit die Feindschaft und der unbarmherzige Kampf gegen Israel zunehmen. In seiner Endzeitrede spricht Jesus von Ereignissen in naher Zukunft: der

Zerstörung des Tempels im Jahr 70 n. Chr. und dem endgültigen Aus für den Tempel, als der römische Kaiser Hadrian 135
n. Chr. an der Stelle des Tempels einen dem Jupi-

Israelhass ist ter geweihten Götzentempel bauen ließ. Wer ist
Gotteshass wirklich Gott? Die heidnischen Gottheiten oder
Jahwe, der Gott Israels? Diese Entscheidungsfrage
durchzieht seit Adams Trennung von Gott die ganze Weltgeschichte. Sie wird letztlich an der Errettung und Wiedererwählung Israels entschieden.

Das Wohlergehen der Völker wird sich immer mehr an ihrer Haltung zu Israel entscheiden. Für die Politik der Staaten
ist diese Zusage eine von Gott gesetzte Bedin-

Wünschet Jerusalem gung zum Ergehen: »Wünschet Jerusalem Glück!
Glück Es möge wohlgehen denen, die dich lieben« (Ps
122,6). Welch unfassbare Zerstörung und nicht
enden wollender Schrecken über ein Volk kommt, das gegen
Israel vorgeht, haben wir als deutsches Volk in unserer jüngsten
Geschichte überdeutlich erlebt. Der Holocaust gegen die Juden,
das schreckliche Wort von der »Endlösung« der Judenfrage, ist
untrennbar mit dem deutschen Volk, der schlimmsten Zeit der
Hitlerdiktatur verbunden. Deutschland wurde in Schutt und
Asche gelegt. Wir haben geerntet, was wir gesät haben. Welch
eine unverdiente Gnade, wie sich unser Land, unser Volk wieder
aufgerichtet hat, richtiger: wie es aufgerichtet wurde. Das war
im Tiefsten Gottes Handeln. Der neue westdeutsche Staat hat
nach 1949 wie kaum ein anderes Land der Welt den Staat Israel
umfassend unterstützt. Alle Bundesregierungen bis heute haben
diese Linie durchgehalten. Der Segen Gottes wegen Israel hat
unsere jüngste Geschichte sicher mitgestaltet.

Ihre Haltung zu Israel wird auch und gerade für die christliche Gemeinde in der Letztzeit immer wichtiger. Christen
stehen zu Israel. Wer Jesus liebt, liebt auch den Bruder, unseren
Bruder Israel. Wir sind in die Familie Gottes aufgenommen
(vgl. Eph 2,19). Wir kommen aus der Wurzel Israel, sind ein-

gepfropfte Zweige in den Ölbaum Israel, sagt der Apostel Paulus (Röm 11,17). Nach dem Gleichnis von Jesus über den verlorenen Sohn (Lk 15,11 ff) ist Israel wohl der ältere Sohn, der zornig abseits steht. Israel heute steht **Der ältere Bruder** draußen, nimmt nicht teil an dem Fest, das der Vater feiert, als der verlorene Sohn heimkehrt. Noch lehnt Israel seinen Messias Jesus überwiegend ab und sucht seinen Weg heim in der strengen Erfüllung der Gesetze. »Aber es war noch kein Geist in ihnen« (Hes 37,8; EÜ). Anbetung Gottes ohne den Heiligen Geist, das führt in Fanatismus und aussichtloses Leistungsdenken, in einen Glauben letztlich ohne Liebe.

Wir sind dem Volk Israel heute und in Zukunft das Zeugnis von Jesus Christus schuldig. Israel hat keinen Sonderweg zum Heil. In Psalm 126 ist diese Aufgabe angedeutet, wenn es angesichts der Rückkehr der Gefangenen **Der Herr hat Großes** Israels, damals aus Babel und heute aus allen Län- **an Israel getan** dern der Erde, heißt: »Dann wird man sagen unter den Heiden: Der Herr hat Großes an ihnen getan« (Ps 126,2). Die Heiden, das sind die Völker dieser Erde und im Besonderen die Jesusgemeinde aus allen Völkern und Nationen. Das ist unsere Missionsaufgabe an Israel: Es hineinzurufen in die Freude über Gottes wunderbares, gnädiges Handeln, in die Freude an Jesus, in dem alle Heimkehr zur Erfüllung kommt. Israel vorzubereiten durch ein klares Jesuszeugnis, auf dass sie ihn erkennen und annehmen, bevor er wiederkommt. Das Ziel der Endzeit im Allgemeinen und der Letztzeit im Besonderen liegt in der Wiederkunft von Jesus Christus. Dann wird das Heil vollendet für alle, die Jesus Christus als Retter angenommen hatten, für die Israeliten und Angehörigen der anderen Völker.

Kurz zusammengefasst

1) Seit der Geburt von Jesus ist Endzeit. Mit der Sammlung Israels beginnt die Letztzeit.
2) Seit dem Noahbund (1. Mose 8,22) ist das Ende der Welt angesagt, doch Gott übernimmt bis dahin die Garantie.
3) Alle Religionen fragen nach der Zukunft, was nach dem Tod kommt, und geben unterschiedliche Antworten.

Zum vertiefenden Gespräch

1) Was sagen die Religionen über die Zukunft, darüber, was nach dem Tod kommt?
2) Endzeit ist Missionszeit. Was bedeutet das für uns?
3) Wie können wir als Christen heute für Israel einstehen?

Bibeltexte

Matthäus 13,30.37-43; 24,8-14.21-22.32 ff;
Markus 1,15; 13,10; 1. Mose 8,22; Psalm 122

Vorschlag zur Bibelarbeit

Einleitung
Wir Menschen machen unsere Welt kaputt. Doch Gott gibt eine Bestandsgarantie.

1) Gott sei Dank – er erhält diese Welt
»Solange die Erde steht«, sagt Gott in 1. Mose 8,22. Da gibt es also ein Ende, eine zeitliche Begrenzung. Das Zeugnis der Bibel vom Ende dieser Welt gibt es seit der Sintflut. Zugleich ist Got-

tes Garantie Trost. Wir lassen uns nicht hineinziehen in die
Schreckensszenarien vom Weltende durch einen Nuklearkrieg
oder eine Klimakatastrophe. Wir vertrauen Gottes Zusage. Die
Religionen beantworten die Frage nach der Zukunft der Welt
und des Menschen höchst unterschiedlich. Das reicht vom endgültigen Aus des Atheisten über das Nicht-Sein im Nirwana,
den ewigen Kreislauf von Wiedergeburten bis hin zu den Para-
diesausmalungen des Islam.

2) Gott sei Dank – er macht dieser Welt ein Ende

Endzeit ist Zeit des anwachsenden Bösen. Die Gottlosigkeit
und Ungerechtigkeit nimmt immer mehr zu. Die Verfolgung
der christlichen Gemeinde weitet sich weltweit aus. Israel wird
zum Ziel vieler Angriffe und flammenden Hasses. Die Verkündigung des Evangeliums geschieht weltweit und führt die Zeugen von Jesus zunehmend in große Bedrängnis, bis hin zum
Martyrium. Doch Gott lässt nicht einfach alles laufen. Er wird
eingreifen. Gott sei Dank – seine liebende Kraft verändert alles,
schafft die Neue Welt. Deshalb ist das Wissen um das Weltende
auch tief tröstend: Es wird nicht immer so weitergehen. Ein
schrecklicher Gedanke, wenn wir Menschen immer weiterleben
müssten mit all dem Verfall des Alterns. Wir beharren, wir warten gespannt auf die Vollendung und klammern uns an Jesus
fest.

3) Gott sei Dank – seine Treue steht fest

Mit der Sammlung Israels beginnt der letzte Abschnitt der Endzeit, die Letztzeit. Die fiese Kampftaktik des Satans: Er wagt
nicht, Gott selbst anzugreifen, er greift seine erstgeliebten Kinder, nämlich Israel, an. Israel ist beiseitegestellt im Heilsplan.
Doch es gibt keine Heilsvollendung ohne Israel. Gott bleibt seinen Zusagen treu. Israel und die christliche Gemeinde gehen in
große Trübsal. Doch Jesus kommt rechtzeitig. Heute bekommt
der Feigenbaum erst Blätter, aber noch keine Frucht. Israel ist

als Volk im Heiligen Land, aber es ist »noch kein Geist in ihnen«. Doch Israel ist Chefsache: Jesus kommt wieder, erscheint
in und auch für Israel. »Seine Füße werden stehen auf dem Ölberg.«

Schluss

Das Wohl und Wehe aller Völker entscheidet sich an ihrer Haltung zu Israel.
»Wünschet Jerusalem Glück!«

3. Keine Zeitberechnung

Nach dem übereinstimmenden Zeugnis der ersten drei Evangelien beginnt Jesus seine Endzeitrede mit der Ankündigung der Zerstörung des Tempels. Für Israeliten die Katastrophe schlechthin. Der Tempel ist für sie doch der Wohnort Gottes, die sichtbare Gewissheit seiner Gegenwart. Gott selbst ist in den Tempel eingezogen, um seinem Volk Israel heilvoll nahe zu sein. Dies geschah bei der Einweihung des Tempels durch Salomo: »Die Herrlichkeit des Herrn erfüllte das Haus des Herrn.« Die Zerstörung des Tempels bedeutet also für sie nicht nur eine vernichtende Niederlage Israels im Krieg, sondern viel mehr: Israel verliert die gnädige Gegenwart seines Gottes und erlebt das Gericht.

Die Zerstörung des Tempels

Paulus erklärt dazu, dass Israel jedoch nicht verstoßen, sondern verstockt ist (Röm 11,1.25). »Verstockung« meint wörtlich »verkalken«: der Blutfluss in den Adern des Körpers wird erschwert und zuletzt gestoppt, das Leben erstirbt. Das geschieht mit Israel. Sie hören das Wort Gottes, sie hören und sehen den Messias Jesus. Aber sie gehorchen nicht. Ihre Herzen verkalken. Der Kalk des Ungehorsams und der Eigensucht lagert sich ab. Er verstopft alle lebenswichtigen Organe des Körpers von den Ohren bis zum Herzen. Das ist das Gericht über Israel: Sie hören und können doch nicht recht hören. Sie beten Gott an, aber er ist fern von ihnen. »Verstockung« meint auch »erkalten«, wörtlich: Tuffstein sein. Tuffstein bildet sich aus, wenn die glühende Lava, die ein Vulkan ausstößt, weiter wegfließt. Das Glühende, Brennende erkaltet, wird zur toten Gesteinsmasse. Indem das Volk Israel Jesus ablehnt, fließt es von seinem Gott weg, wird kalt und stirbt geistlich ab.

Verstockung ist Verkalken und Erkalten

Die Ankündigung von Jesus über die Zerstörung des Tem-

pels ist also nicht nur äußerliche Gerichtsansage, sondern auch
Ansage der Aufhebung der Gottesgemeinschaft mit Israel. Das
Volk ist beiseitegestellt. Die Zerstörung des Tem-
Die Klagemauer   pels geschieht dann auch. Im Jahr 70 n. Chr. verbrannten die römischen Eroberer den Tempel,
und 135 n. Chr. wird er endgültig beseitigt. An seiner Stelle
bauten die Römer einen Jupiter-Tempel. Wie Jesus prophezeit
hatte, ist kein Stein auf dem andern geblieben. Es ist erschüt-
ternd zu sehen, wo die orthodoxen Juden heute beten. Nämlich
nicht an Resten des Tempels, sondern an der äußersten Stütz-
mauer für den riesigen ehemaligen Tempelplatz. An Steinen, die
der verhasste König Herodes aufschichten ließ. Im Vergleich
gesagt: Sie stehen draußen vor den Toren, verehren die Mauer,
anstatt im Saal das Fest mitzugenießen. Wer heute als bewusster
Christ an der Klagemauer in Jerusalem steht und die inbrünsti-
gen Gebete der Frommen miterlebt, kann von tiefem Schmerz
und Mitleid erfasst werden.

Der Tempel ist zerstört. Israel erlebte das Gericht, wurde verstockt und lebt fern von seinem Gott. Aber selbst im Gericht
wird Israel noch zum Segensträger für die Völker.
Die Rettung für die   Weil Israel verstockt ist, geht die gute Nachricht
Völker   von der Rettung hinaus an die Heiden. Das ist der
Auftrag des auferstandenen Christus an seine Jünger: »Gehet hin in alle Welt und predigt das Evangelium aller
Kreatur« (Mk 16,15). Die Zerstörung des Tempels in Jerusalem
läutet die Zeit der Völkermission ein. Mit einer Gruppe stand
ich auf dem Tempelplatz in Jerusalem. Einer sagte tief betroffen:
»Gott ist aus dem Tempel ausgezogen.« Da erwiderte ein anderer: »Aber er ist in uns eingezogen.« Der Jerusalemer Tempel ist
endgültig zerstört. Aber der neue Tempel wird gebaut. Paulus
schreibt: »Wisst ihr nicht, dass euer Leib ein Tempel des Heiligen Geistes ist?« (1. Kor 6,19). Ja, die ganze christliche Gemeinde ist der neue Tempel. Wieder Paulus: Die christliche Gemeinde ist ein Bau, von dem »Jesus Christus der Eckstein ist,

auf welchem der ganze Bau ineinandergefügt wächst zu einem
heiligen Tempel in dem Herrn« (Eph 2,20-21).

So hat die Ankündigung der Zerstörung des Tempels eine
schreckliche Gerichtsdimension für Israel, zugleich aber ewige
Heilshoffnung für alle Völker. Diesen Hoffnungs-
ton hören die Jünger wohl mit, denn sie fragen   Die Frage: Wann?
ausdrücklich nach »dem Zeichen für dein Kom-
men und für das Ende der Welt« (Mt 24,3). Wenn der Tempel,
in dem Gott verhüllt in einer Wolke wohnte, nicht mehr nötig
ist, dann – so denken sie – wird das Gottesreich, die Regierung
des ewigen Königs, sichtbar anbrechen. Geradezu brennend ist
deshalb für sie die Frage nach dem »Wann«. Dahinter steht
nicht Neugier, sondern sehnende Erwartung. Jesus beantwortet
ihre Frage eindeutig: »Von dem Tage aber und von der Stunde
weiß niemand, auch die Engel im Himmel nicht, auch der Sohn
nicht, sondern allein der Vater« (Mt 24,36). Es geht hier nicht
um menschliche Berechnungen. Zwar geschieht Gottes Handeln mitten in dieser Weltzeit. Es wird einen letzten Vierund-
zwanzig-Stunden-Tag für diese Welt geben, eine letzte endgültige Sechzig-Minuten-Stunde, aber Gott kann nicht in die Zeit
eingebunden werden. Er handelt in seinem *Kairos,* in seiner
Gotteszeit, in seiner Gnaden- und Vollendungszeit. Das verdeutlicht auch der auferstandene Christus, wenn er auf die er-
neute Frage der Jünger nach dem »Wann« auf den *Kairos* verweist, den Zeitpunkt, den »der Vater in seiner Macht bestimmt
hat« (Apg 1,7). Wie könnte auch der Ewige, der Unsterbliche in
zeitliche Kategorien eingeordnet werden? Das greift viel zu kurz.
Gott geht zwar in die Zeit ein, geht aber nicht darin auf.

Wenn Jesus ausdrücklich sagt, dass auch er den Zeitpunkt des
Weltendes nicht weiß, sondern nur ganz allein Gott der Vater,
dann zeigt das seine Demut und seine Unterordnung. Das mag
darauf hindeuten, dass das Ende der Welt nicht eigentlich durch
Ereignisse herbeigeführt wird, die zeitlich eingeordnet werden
können, etwa in der herrlichen Neuschöpfung, sondern nur in

der Person Jesus Christus selbst. Er in seiner Person ist die Heilsvollendung. Seine Wiederkunft ist das Weltende. Das volle Heil wird in der ewigen Gemeinschaft mit dem triumphierenden Christus geschenkt. Schon der ir-

Auch der Sohn
weiß es nicht

dische Jesus hat es so gesagt: »Ich bin vom Himmel gekommen, nicht damit ich meinen Willen tue, sondern den Willen dessen, der mich gesandt hat« (Joh 6,38). Und so lässt sich der himmlische Christus auch senden zu seiner Wiederkunft, zur Heilsvollendung, im *Kairos* des Vaters, wenn und wann es für Gott Zeit ist.

Immer wieder gab es dennoch Versuche, das Datum des Weltendes zu berechnen. Auch in der Geschichte der Kirche, von Anfang an. Jesus spricht von dieser Verfüh-

Kein Datum

rung, wenn er vor denen warnt, die sich als Christus ausgeben (vgl. Mt 24,5). Oft wurden Daten errechnet. Selbst ein der Bibel verpflichteter Theologe wie der hochgelehrte Württemberger Johann Albrecht Bengel hat versucht, die Wiederkunft von Jesus zu berechnen, und kam auf das Jahr 1836. Er nahm zwar Jesus ernst, dass selbst der Sohn das Datum nicht weiß, argumentierte aber, der in den Himmel Aufgefahrene wisse nun den *Kairos* Gottes. Deshalb errechnete Bengel aus den Zahlenangaben der Offenbarungsbücher das Datum. Er war immerhin so demütig, dass er meinte, wenn seine Voraussage nicht einträfe, läge der Fehler bei ihm. Es ist und bleibt ein Irrweg, ein Datum für die Wiederkunft von Jesus Christus auszurechnen. Von Jesus selbst untersagt. Das ist somit ein wichtiges Kriterium bei der Prüfung und Unterscheidung der Geister (1. Joh 4,1). Wo immer über das Datum der Wiederkunft von Jesus spekuliert wird oder gar ein Termin genannt wird, ist nicht der Geist Gottes am Werk, sondern es droht Verführung und Vernebelung.

Wenn eine Sekte in den USA für den 21. Mai 2011 die Entrückung der Gemeinde von Jesus ankündigt, redet da nicht der Geist Gottes. Weltuntergangsspekulationen nehmen seit den

Fünfzigerjahren des vorigen Jahrhunderts zu. Darin artikulieren
sich zunehmend Ängste und Schrecken. Die Jahrtausendwende
wurde zum Enddatum erklärt. Aus dem Fragment
eines alten Maya-Kalenders errechnete man das   Viele Datums-
Datum 21. Dezember 2012. Geschehen ist jedes   angaben
Mal nichts. Aber viele Menschen steigerten sich in
große Ängste hinein.
     Es ist gut, dass wir kein Datum für das Weltende berechnen
können. Was ich berechnen, einordnen und planen kann, das
meine ich zu beherrschen, in der Hand zu haben.
Jesus mahnt, jederzeit vorbereitet zu sein. Im   Einschlafen
Gleichnis von den zehn Jungfrauen stellt er die
Konsequenz vor Augen, wenn Christen nicht mehr hellwach
und aufmerksam warten. »Als nun der Bräutigam lange aus-
blieb, wurden sie alle schläfrig und schliefen ein« (Mt 25,5).
Wenn die sehnende Erwartung der Wiederkunft von Jesus aufhört, wird die christliche Gemeinde träge, taten- und fruchtlos.
Ohne dieses Warten verliert die Kirche ihr Ziel und damit den
wesentlichen Antrieb. In vielen christlichen Kirchen und Gemeinden ist die Wiederkunft von Jesus schon längst kein
Thema mehr. Sie kommt in der Verkündigung nicht mehr vor,
wird als überholte, zeitgebundene Vorstellung abgetan. Damit
hat die christliche Botschaft ihren entscheidenden Inhalt, ihre lebendige Hoffnung, ihren geistgewirkten Antrieb weithin
verloren. Deshalb beschränken sich so viele Gemeinden auf
diesseitige Themen: Politik, Wirtschaft, soziale Gerechtigkeit,
Ökologie. So wichtig diese Fragen auch sind, ohne die alles
überstrahlende Hoffnung auf den wiederkommenden Christus
bleiben alle Antworten belanglos und ohne tief gehende Lösung.
Jesus Christus ist die Antwort, die umfassende Lösung. Mit seiner Wiederkunft verwirklicht sich echtes Heil und ewige Gerechtigkeit. Kirche ohne die Hoffnung auf die Wiederkunft ist
gesichtslose Kirche. Die törichten Jungfrauen »nahmen kein Öl
mit« (Mt 25,3). Öl ist ein Bild für den Heiligen Geist. Kirche

ohne Wiederkunftshoffnung ist geist-lose Kirche. Sie gibt anderen Geistern Raum und kann nicht mehr wirklich von der ewigen Rettung predigen.

Das aber haben wir Christen unermüdlich zu bezeugen: Der Heilswille Gottes ist, dass alle Menschen gerettet werden. Für alle, die an Jesus glauben, bringt seine Wiederkunft **Verloren gehen** die Vollendung ihrer ewigen Errettung. Dann wird ewig verloren sein, wer Jesus nicht vertraut hat. Die Wiederkunft von Jesus Christus ist Heilsvollendung und Gericht. Ewige Gottesferne in der Hölle der Verzweiflung erwartet alle, die Jesus ablehnen. Die Weltgeschichte hat einen doppelten Ausgang: Heil und Verdammnis. So endet das Gleichnis von den zehn Jungfrauen: Die törichten, die ohne den Heiligen Geist lebten, stehen vor der verschlossenen Tür. Das ist das Urteil über sie: »Ich kenne euch nicht« (Mt 25,12), Jesus hat keine Gemeinschaft mit ihnen, sie sind endgültig ausgeschlossen aus der Gemeinschaft des Heils, des Heilandes. Deshalb mahnt Jesus so klar: Im letzten Gericht über alle Völker findet die Trennung statt: »Sie werden hingehen, diese zur ewigen Strafe, aber die Gerechten in das ewige Leben« (Mt 25,46). Der nicht Glaubende wird bei der Wiederkunft verworfen. Er wird in den brennenden Pfuhl geworfen »da wird sein Heulen und Zähneklappern« (Mt 25,30, vgl. auch Mt 13,50).

Bei der Wiederkunft von Jesus kommt es zur endgültigen Scheidung, wie die Schafe von den Böcken getrennt wurden. Dieses Bild gebraucht Jesus für das letzte Weltge- **Die Scheidung** richt (vgl. Mt 25,31 ff). Zu denen, die ihm vertraut haben, wird er sagen: »Kommt her, ihr Gesegneten meines Vaters, ererbt das Reich, das euch bereitet ist von Anbeginn der Welt« (Mt 25,34). Zu denen aber, die nicht geglaubt haben: »Geht weg von mir, ihr Verfluchten, in das ewige Feuer, das bereitet ist dem Teufel und seinen Engeln« (Mt 25,41). Diese Trennung geht durch die engsten Beziehungen, bis hinein in die Familien. In den beiden Beispielen von den zwei Menschen auf dem Acker und an der Handmühle (vgl. Mt 24,40.41) macht Jesus das deutlich. Bei den beiden auf dem Acker kann man an Vater und Sohn oder zwei Brüder denken, die zusammen auf dem Familienbesitz arbeiten. Die zwei Frauen sind vielleicht engste Verwandte, die das Mehl für die tägliche Nahrung der Familie mahlen. »Der eine wird angenommen, der andere wird preisgegeben« (V. 40). Wenn Jesus wiederkommt, wird der, der im Glauben lebt, angenommen, deutlicher wiederzugeben mit »aufgenommen«, nämlich in die ewige Gemeinschaft mit seinem Herrn. Der andere wird preisgegeben, auch hier deutlicher »zurückgelassen«; der Ungläubige hat dann keine Möglichkeit zur Rettung mehr. Er ist ausgeschlossen von der Gemeinschaft mit Jesus, dem ewigen Heil.

Deshalb ist jetzt, in der Zeit der Gnade, meine Entscheidung gefragt. Endzeit ist Entscheidungszeit, für oder gegen Gottes Heil und Rettung in Jesus. Darin liegt der Ernst, aber auch die große Chance der Endzeit. Wir sind Die Entscheidung nicht in ein unabänderliches Schicksal hineingezogen. Jeder Mensch kann sich im Angesicht des Weltendes selbst entscheiden, welche Zukunft er anstrebt. Angenommen werden, in der Heilsgemeinschaft mit Jesus Christus ewig selig zu sein oder zurückgelassen, preisgegeben zu werden, vom Reich Gottes, von der Christusgemeinschaft endgültig und ewig ausgeschlossen zu sein. Die »Auserwählten« (vgl. Mt 24,22) sind nicht etwa Bevorzugte, die Gott ohne ihre Entscheidung zu sich nähme. Wir verstehen das besser anhand eines einfachen Beispiels: Eine Gruppe Jungen plant ein Fußballspiel. Zwei Mannschaften sollen gebildet werden. Die Spielführer rufen aus der Schar der wartenden Jungen ihre Mannschaft zusammen. »Komm, spiel mit in meiner Mannschaft.« Der Gerufene kann nun Ja sagen oder ablehnen. Derjenige ist »auserwählt«, der auf die Einladung des Spielführers eingeht. So sind diejenigen »auserwählt«, die auf den Ruf von Jesus Christus eingehen. »Komm, folge mir nach« (vgl. Joh 21,19). Der Ruf, die Einladung zur Rettung ergeht an alle. Wer dem Ruf von Jesus folgt, sich also wählen lässt, der ist dabei.

Die einzige Bedingung, um in die ewige Gemeinschaft mit Jesus aufgenommen zu werden, ist also der Glaube an Jesus Christus, das hingebende Vertrauen, dass er mein Retter ist, dass er mein Leben zum Ziel bringt. Viele andere rufen zu sich, sogar im Namen von Jesus Christus, und geben sich als Heilsbringer aus« (Mt 24,5). Die Bibel bezeugt: »Wer da glaubt und getauft wird, der wird selig werden; wer aber nicht glaubt, der wird verdammt werden« (Mk 16,16). So predigen die Apostel: »In keinem andern (als eben in Jesus) ist das Heil« (Apg 4,12). Jesus selbst sagt: »Ich bin der Weg, die Wahrheit und das Leben; niemand kommt zum Vater denn durch mich« (Joh 14,6). Und Paulus bekräftigt: »So halten wir nun dafür, dass der Mensch gerecht wird ohne des Gesetzes Werke, allein durch den Glauben« (Röm 3,28). Allein Jesus Christus rettet für Zeit und Ewigkeit. Das entscheidet über meine ewige Zukunft. Glaubst du das?

Die Entscheidung ist wichtig: Für oder gegen Jesus. Hier noch einmal die Fragen bei der Taufe in der indischen Nethanja-Kirche in Andhra-Pradesh: »Glaubst du, dass Jesus Christus Gottes Sohn ist? Glaubst du, dass durch sein Blut am Kreuz deine Sünden vergeben sind? Willst du ihm treu bleiben, bis du stirbst oder bis er wiederkommt?«

Zu welchem Ziel, mit wem bin ich unterwegs? Diese Entscheidung duldet keinen Aufschub. Auch deshalb gibt Gottes Wort kein Datum für die Wiederkunft von Jesus an; auch darum ein klares Nein zu allen Zeitberechnungen. Ich kann und soll meine Entscheidung nicht hinausschieben. »Jetzt ist die Zeit der Gnade, siehe, jetzt ist der Tag des Heils« (2. Kor 6,2), die Zeit zur Entscheidung. Jesus gibt keinen Zeitplan. Wohl aber einen Streckenplan. Wenn ein Zug von Stuttgart nach München fährt, dann

Einzige Bedingung ist der Glaube an Jesus

Streckenplan

heißen die Stationen unterwegs eben nicht Karlsruhe – Mann-
heim – Frankfurt, sondern Ulm – Augsburg – München. In
seiner Endzeitrede benennt Jesus Stationen bis zum Ende, bis
zu seiner Wiederkunft. Sie heißen eben nicht Weltfriede, Wohlstand für alle, Friede in Israel, Erweckung, kosmische Ruhe –
sondern: zunehmende Kriege, Hungersnöte, Israelverwüstung,
Verfolgung der christlichen Gemeinde, kosmische Katastrophen. Das sind die Stationen bis zum Ende. Vielsagend ist
auch das Bild von einem Fluss, der dem Meer entgegenströmt.
Immer mehr Zuflüsse lassen ihn anschwellen und machen ihn
zu einem großen Strom. Kriege, Hungersnöte und Erdbeben
werden heftiger, ebenso wie der Kampf gegen Israel und die
christliche Gemeinde. Die Flut des Bösen nimmt weltweit immer mehr zu. Das erleben wir heute. Die ganze Welt und
Menschheit wird in den anschwellenden Strom des Schreckens
hineingezogen.

Auch im Buch der Offenbarung wird diese Steigerung deutlich. Die Siegelgerichte (vgl. Offb 6 und 8) steigern sich bis zum
Ende. Aus dem siebten Siegelgericht entstehen die
Posaunengerichte (vgl. Offb 8 und 9). Einmal er-   Die Steigerung der
gehen sie über den dritten Teil der Erde und der   Schrecken
Menschheit, bis dann die siebte Posaune das endgültige Ziel ankündigt, die Herrschaft von Jesus Christus (Offb
11,15). Ebenso ist es bei den sieben Schalengerichten, die Gottes Zorn über diese Erde bringen. Diese Gerichte ergehen weltweit und steigern sich bis zum Untergang von »Babylon«, der
gottfeindlichen Welt (vgl. Offb 15–18).

Seit dem ersten Kommen von Jesus ist Endzeit. Seitdem liegt
diese Welt sozusagen in den Wehen. In den Wehen des Schreckens, die immer neue, sich ausweitende Schreck-
nisse hervorbringen. Menschheit und Natur, ja der   Die kommenden
ganze Kosmos wird da hineingezogen. Wir wagen   Stationen
für heute eine Stationenbeschreibung, ausdrücklich keine Zeitberechnung. Wir leben am Beginn der Letztzeit.

Die Sammlung Israels als Volk im verheißenen Land ist dafür
das Zeichen: Der Feigenbaum gewinnt Blätter, der Sommer ist
nahe (vgl. Mt 24,32). Die nächste Station wird das Auftreten
des Antichristen sein, der sich zum göttlichen Herrn aufschwin-
gen wird (vgl. Offb 13 mit Mt 24,15 ff). Danach die Station der
Weltwehen. Verfolgung der Jesusgemeinde, verbunden mit
dem Kampf zur »Endlösung« Israels. Dabei besonders hervorge-
hoben die Station des Kampfes um Jerusalem (vgl. Sach 12,2.3).
Dann die herrliche Station der Wiederkunft von Jesus. Dann
die letzten Stationen vor der Vollendung: Tausendjähriges
Reich, die letzte Schlacht des Satans, das Weltgericht, der Untergang der alten Schöpfung, die Neuschöpfung. Und endlich
der Zielbahnhof: Gottes allseits erfahrbare Herrlichkeit, das
ewige Gottesreich.

Wir Christen leben mittendrin, sind keine neutralen Beobachter. Wir sitzen mit in dem Zug des rasenden Schreckens.
Wir werden mitgerissen von dem anschwellenden

Gehalten am   Fluss des Bösen, um in unseren Bildern zu spre-
Seil der Liebe chen. Mittendrin, aber nicht hilflos ausgeliefert.

Wir sind Gehaltene, im reißenden Strom des Bö-
sen gehalten am Seil der Liebe von Jesus. Seine Endzeitrede ist
durchpulst von Hoffnung. Das Buch der Offenbarung ist ein
Trostbuch für die christliche Gemeinde, gerade in der Drangsal
und wachsenden Not. Die Zusage von Jesus legt den festen
Grund: »Die Pforten der Hölle sollen sie (meine Gemeinde)
nicht überwältigen« (Mt 16,18).

Viele Christen erwarten als nächste Station nach der Sammlung Israels und dem »Anfang der Wehen« (vgl. Mt 24,6-8) die
Entrückung der Gemeinde. Die Erwartung, dass

Die Entrückung   die Glaubenden zu Jesus Christus hin entrückt, eigentlich »hingerissen« werden bei seiner Wieder-
kunft, ist auf viele biblische Stellen gegründet. Besonders Paulus
hat das immer wieder zum Trost und als Hoffnung für die leidende Gemeinde betont (vgl. etwa 1. Kor 15,51 ff; 1. Thess

4,15-18). Jesus selbst hat die Entrückung nicht ausführlich zum Thema gemacht. In der Endzeitrede finden sich jedoch deutliche Hinweise. Bei seiner Wiederkunft werden seine Engel »seine Auserwählten sammeln von den vier Winden, von einem Ende des Himmels bis zum andern« (Mt 24,31). Für »sammeln« steht im Griechischen ein Wort, das umschreibend so wiederzugeben ist: »Jemand ganz mit einem anderen zusammenbringen.« Die Entrückung ist also das Zusammenbringen der verstorbenen Glaubenden und der bei der Wiederkunft lebenden Gläubigen mit Christus. Die Vereinigung mit ihm »auf den Wolken in die Luft, dem Herrn entgegen« (1. Thess 4,17). Dabei werden die Glaubenden »verwandelt«, wörtlich »anders, neu gemacht« (vgl. 1. Kor 15,51 ff), hineingestaltet in den neuen ewigen Herrlichkeitsleib. In den Bildworten von den zwei Männern auf dem Feld und den zwei Frauen, die mit der Mühle mahlen (Mt 24,40.41) wird mit dem Wort »angenommen« im Griechischen auch »aufgenommen« oder »mitgenommen« verstanden. Jesus denkt dabei wohl an die Entrückung, die Vereinigung mit ihm.

Bibelausleger kommen zu unterschiedlichen Erkenntnissen, an welcher Stelle des Streckenplans diese Station einzuordnen ist: Ist die Entrückung die nächste Station für uns, also vor der großen Trübsal, die ja der Endvollendung vorausgeht? Der Zeitpunkt Oder kommt sie in der Mitte der großen Trübsal, also bevor die Schalengerichte des Zornes Gottes (Offb 15) über diese Welt ergehen? Oder nach der großen Trübsal? Jeder führt gute Argumente und entsprechende Bibelstellen für seine Erkenntnisse an. Wir wollen das nicht ausführlich vertiefen. Der bekannte württembergische Theologe Walter Tlach hat gesagt: »Über zwei Lehren soll die Gemeinde in der Endzeit nicht streiten: Über den Zeitpunkt der Entrückung und über die Taufe. Das bringt nur Streit und Spaltung.« Wir nehmen ernst, dass die biblischen Aussagen unterschiedliche Antwortmöglichkeiten anbieten. Wenn sich Christen auf die Entrückung vor der großen Trübsal verlassen, besteht die Gefahr, dass sie unvorbereitet in die Trübsalszeit hineingehen, wenn die Entrückung doch erst mittendrin oder danach erfolgt. Wir verbeißen uns hier nicht. Würde ich denn Jesus einen Vorwurf machen, wenn die Entrückung anders geschähe, als meine Lehrmeinung sagt? Ich neige allerdings zu der Auffassung, dass auch die Gemeinde durch die große Trübsalszeit hindurchmuss, besonders wenn wir in Matthäus 24,21 f.29 ff bedenken. Wie auch immer es geschehen wird, der Ruf von Jesus an seine Gemeinde gilt: »Wachet, denn ihr wisst nicht, an welchem Tag euer Herr kommt« (V. 42). Wachet, in sehnender, bereiter Erwartung, dass Jesus wiederkommt.

Kurz zusammengefasst

1) Die Zerstörung des Tempels, die Verstockung Israels wird zur Rettung für die Völker.
2) Niemand kennt das Datum des Weltendes, der Wiederkunft von Jesus, auch er selbst nicht.
3) Jesus gibt keinen Zeitplan für das Weltende, wohl aber einen Streckenplan.

Zum vertiefenden Gespräch

1) Was heißt »Israel ist verstockt«?
2) Warum ist es für manche wohl interessant, das Datum der Wiederkunft von Jesus zu berechnen?
3) Welche »Stationen« nennt Jesus bis zu seiner Wiederkunft?

Bibeltexte

Matthäus 24,1-3.6-8.21-22.32.36.40-42; 25,1-13.30-46;
Römer 11,25; 1. Thessalonicher 4,15-18; Sacharja 12,2-3

Vorschlag zur Bibelarbeit

Einleitung
Die Wann-Frage der Jünger beantwortet Jesus nicht. Er weist
ausdrücklich auf sich selbst und seine Wiederkunft hin.

1) Endzeit ist Heilszeit für die Völker
In seiner Endzeitpredigt antwortet Jesus auf die Fragen seiner
Jünger. Direkter Anlass ist seine Prophezeiung von der Zerstörung des Tempels. Da beginnt die Gerichtszeit für Israel, weil
sie Jesus nicht glauben. Israel ist verstockt – verkalkt, sie wollen
nicht hören und können dann nicht mehr hören. Das Evangelium geht hinaus zu allen Völkern. Gnadenzeit für die Heiden.
Israel ist beiseitegestellt, aber nicht verworfen. Was im Alten
Testament nur angedeutet ist, wird jetzt Wirklichkeit: Die Zeit
der Sammlung der Jesusgemeinde beginnt. Gottes Heilsplan
war immer schon global ausgerichtet, wie er zu Abraham sagte: »In dir sollen gesegnet werden alle Geschlechter auf Erden«
(1. Mose 12,3). Das ist zeitlich und räumlich zu verstehen.

2) Endzeit ist Entscheidungszeit
Der Glaubensruf zu Jesus ergeht weltweit an die Auserwählten.
Auserwählt ist, wer sich rufen lässt. Wer Ja sagt. Der Ruf verlangt eine persönliche Entscheidung. Daran entscheidet sich die
ewige Zukunft. Gerettet ist, wer Jesus vertraut. Das ist das entscheidende Kriterium im Endgericht, auch für die, die den
Geschwistern von Jesus – seiner Gemeinde aus Heiden und Juden – Gutes getan haben. Sie haben es Jesus selbst getan. So eng

verbündet sich Jesus mit den Seinen. Entscheidungszeit. Hinter
der Wann-Frage steht die Gefährdung, die Entscheidung hi-
nauszuzögern. Niemand kennt das Datum der Wiederkunft,
selbst Jesus nicht, nur Gott der Vater. Auch den Zeitpunkt der
Entrückung lässt die Bibel letztlich offen: Vor, während oder
nach der großen Trübsal? Jesus nennt keinen Zeitplan, aber einen Streckenplan. Die nächsten Stationen nach der Sammlung
des noch blinden Israel: Der Antichrist – der Angriff auf Israel –
die große Trübsal – Schlacht von Harmagedon – Wiederkunft
von Jesus – Tausendjähriges Reich – Endgericht – Neuschöpfung.

3) Endzeit ist Zeit des Wachens

Diesen Trost spricht Jesus den Seinen immer wieder zu: Er
bringt sie durch, in aller Bedrängnis, Verfolgung und dem aufgipfelnden Bösen. Aber er ruft sie dazu auf, jederzeit wach und
bereit zu sein. Alle zehn Jungfrauen schliefen ein. Das kann
auch uns passieren. Die Verkündigung von der Wiederkunft
als entscheidendes Ziel und um die Hoffnung wachzuhalten,
ist heute in der Predigt in Kirche und Gemeinde weithin verstummt. Matthäus 24 ist ein Weckruf an die Christen. Kirche
ohne Wiederkunftshoffnung ist geistlose Kirche, die belanglos
wird und sich in weltlichen Themen verliert. Wach lebt der, der
bewusst auf Jesus wartet.

Schluss

Eine der drei Tauffragen in Indien: Willst du Jesus treu bleiben,
bis du stirbst oder bis er wiederkommt?

4. Die zunehmende Verführung

Auf die Fragen der Jünger nach dem Zeitpunkt der Zerstörung des Tempels und nach den Zeichen für seine Wiederkunft antwortet Jesus zunächst mit einer Warnung vor der Verführung. Die Frage »Wann« rechnet wohl mit einem überschaubaren Zeitraum. Die sogenannte Naherwartung prägt von Anfang an die Haltung der Gemeinde. Sie ist der Ausdruck der sehnenden Hoffnung jeder Generation von Christen. Jesus fordert immer wieder Leben im »Warten«. Gerade weil das Datum verborgen bleibt, ist die Erwartung die angemessene Haltung. Die ständige Bereitschaft, mit dem wiederkommenden Jesus vereinigt zu werden, kennzeichnet bis heute die lebendige, vertrauende Hoffnung der Christen. Es ist falsch, von einer enttäuschten Naherwartung zu reden. Schon Petrus wehrt das ab. Er widerspricht den Spöttern, die darauf verweisen, dass alles bleibt, »wie es von Anfang der Schöpfung gewesen ist« (2. Petr 3,4). Er verweist darauf, dass Gottes Zeitrechnung menschliches Denken weit übersteigt, »dass ein Tag vor dem Herrn wie tausend Jahre ist und tausend Jahre wie ein Tag« (V. 8). Die Wiederkunft wird nicht verzögert, wörtlich: Der Herr verlangsamt nicht die Verheißung (V. 9). Es geht nicht um ein Hinausschieben, sondern es ist Heilszeit, Geduldszeit: »Er hat Geduld mit euch und will nicht, dass jemand verloren werde, sondern dass jedermann zur Buße finde« (V. 9). Nicht die Enttäuschung über die (noch) ausbleibende Wiederkunft von Jesus Christus erfasst die Gemeinde, sondern vielmehr der brennende Eifer, bis zum »Tag des Herrn« (vgl. V. 10) allen das Evangelium, die Rettungsbotschaft auszurichten. Das ist der entscheidende Antrieb der Apostel, insbesondere des Heidenapostels Paulus, und der Antrieb der christlichen Gemeinde zu allen Zeiten und heutzutage verstärkt, weil

Naherwartung als bleibender Antrieb

sie sieht, »dass der Sommer nahe ist« (Mt 24,32), und damit die
Erntezeit. Das meint der Apostel Paulus, wenn auch er mahnt:
»Kauft die Zeit aus« (Eph 5,16). Das griechische Wort, das hier
mit »auskaufen« übersetzt wird, beinhaltet auch: »in aller Öffentlichkeit auftreten«. Die christliche Gemeinde verschanzt
sich nicht in Fluchtburgen, zittert nicht in Bunkern versteckt
ihrem Herrn entgegen. Vielmehr verkündigt sie das Evangelium
von Jesus Christus in aller Öffentlichkeit, bis in den letzten
Winkel der Erde. Und ganz persönlich gesehen: Wie kann ein
Christ enttäuscht sein, dass Jesus noch nicht wiedergekommen
ist? Im Sterben, mit seinem Tod, erlebt er ja die vollkommene
Gemeinschaft mit Jesus, seine ganz persönliche Erfahrung der
Wiederkunft von Jesus, seine Ankunft beim Herrn, die Heimkehr zu Jesus für ewig.

Mit ihrer Frage nach dem »Wann« verbinden die Jünger eine
zweite: »Und was wird das Zeichen sein für dein Kommen und
für das Ende der Welt?« (Mt 24,3). Jesus erklärt
Zeichen,   ihnen, dass es viele Zeichen geben wird, die seiner
die alle sehen   Wiederkunft vorausgehen. Das griechische Wort
für »Zeichen« hat einen breiten Bedeutungsum-
fang. Die Grundbedeutung ist wohl »hell aufstrahlendes Licht«.
Es geht also nicht um Geheimzeichen nur für Eingeweihte, sondern um Zeichen, die jeder Mensch sehen kann. Neunmal gebraucht Jesus deshalb in der Endzeitrede das Wort »sehen«, ganz
wörtlich gemeint, mit den leiblichen Augen: Die Zerstörung des
Tempels, Kriege, Erdbeben, zunehmende Verfolgung der Jesusgemeinde, wachsenden Hass gegen Israel, kosmische Bedrohungen und schließlich die sichtbare Wiederkunft von Jesus Christus: »Wie der Blitz … leuchtet …, so wird auch das Kommen
des Menschensohns sein« (Mt 24,27). Diesen alles überstrahlen-
den Blitz des wiederkommenden Christus wird niemand übersehen können. Der Satan dagegen, der Herr der Finsternis,
verblendet die Menschen, macht sie blind. »Mit sehenden Augen sehen sie nicht … und sie verstehen es nicht (Mt 13,13). So

hat Jesus die Israeliten seiner Zeit charakterisiert. In allen Völkern nimmt die Zahl der geistlich Blinden heute zu. Sie glauben vielen Heilsangeboten aus Religionen, Philosophien und Ideologien; gehen Wege, auf denen Blinde Blinde zu Fall bringen (vgl. Mt 15,14).

»Zeichen« meint aber auch im ganz praktischen Sinn Wegzeichen, Hinweiszeichen, die in die richtige Richtung zum angestrebten Ziel führen. So sind auch die Wunder und Krafttaten von Jesus zu verstehen, die die Evangelisten berichten. Sie weisen auf ihn hin, den Erlöser und Retter. Die Wunder an sich vermitteln nicht das Heil; sie wollen zum Heiland führen. Mit einer Anekdote verdeutlicht: Ich will über die Autobahn nach Frankfurt. Kurz hinter Stuttgart steht ein großes Schild. »Frankfurt« lese ich, fahre sofort über den Randstreifen und stehe unter dem Schild an einem Rübenacker. Kommt einer vorbei und fragt: »Was tun Sie denn hier?« »Ich will nach Frankfurt«, antworte ich. »Ich habe mir das zwar anders vorgestellt, aber da steht es ja ganz groß.« »Das hier ist nicht Frankfurt«, sagt mein Gegenüber, »das ist ein Hinweisschild ›Frankfurt 205 Kilometer‹. Fahren Sie weiter, folgen Sie den Schildern, dann kommen Sie nach Frankfurt!« Zeichen und Wunder sind hilfreiche, Mut machende Wegweiser, Hinweiszeichen auf Jesus hin. Wer Krafttaten und Heilungen für das Eigentliche und Wesentliche hält, der parkt unter dem Schild, der kommt nicht zum Ziel, der verfehlt Jesus.

Zeichen, die den Weg weisen

Die Zeichen der Endzeit, von denen Jesus spricht, beinhalten nicht nur Schrecken und sich entfaltendes Böses. Gemäß der weiteren Bedeutung des griechischen Wortes sind sie auch Signale, Siegeszeichen, Kampfzeichen. Gewiss ist das Zeichen des heutigen Israel solch ein Kampfzeichen. Gott selbst kämpft für sein Volk. Durch die Zeiten hat er es bewahrt. Gegen alle Versuche, das Volk auszulöschen, gegen alle Pläne einer »Endlösung« deu-

Zeichen, stehen für Sieg

tet sich heute an, dass Gott seinen Plan für Israel und seine Erlösung verfolgt. Entscheidendes Siegeszeichen wird dann »das
Zeichen des Menschensohns am Himmel« (Mt 24,30) sein,
das die Wiederkunft von Jesus weltumspannend einläutet. Dieses Zeichen ist wohl der alles überstrahlende Herrlichkeitsglanz
des Christus selbst, der »Blitz«, von dem Jesus in V. 27 redet.
Bei seiner Geburt erstrahlte, noch örtlich begrenzt, die »Klarheit
des Herrn« (Lk 2,9) über dem Hirtenfeld in Bethlehem. Klarheit meint die *doxa,* die Lichtherrlichkeit Gottes. Dann wird
dieses Zeichen die Jesusherrlichkeit, weltweit den endgültigen
Sieg von Jesus Christus sichtbar machen.

Ja, es geht in der letzten Zeit ganz wörtlich um das Sehen, wie
Jesus neunmal betont. Nicht um erdachte, fantasiegeladene,
geistige Träume und Illusionen, sondern um reales
Sehen. Gott ist zwar unsichtbar, und sein Handeln

Genau hinsehen

übersteigt unsere menschliche Wahrnehmung bei
Weitem. Doch er handelt in unserer Welt und Zeit, und des-
halb können wir die Spuren und Zeichen seines Vollendungs-
handelns sehen. Dazu braucht es ein nüchternes, genaues Hinsehen. Christen verschließen nicht die Augen. Sie sehen, wie die
Wirklichkeit ist. Wir heute sind eine vom Sehen stark geprägte
Generation. Das Fernsehen lässt uns unverzüglich mitansehen,
was weltweit geschieht. Computer und Internet machen solches
Mitansehen fast an jedem beliebigen Ort und jederzeit möglich.
Um etwas zu prüfen, ist bewusstes Hinsehen nötig. Wieder am
Beispiel Israels: Da kann ich Gottes Handeln sehen. Städte wurden wieder aufgebaut, die Wüste wird urbar gemacht und grünt
wieder fruchtbar. Juden aus allen Völkern der Erde sammeln
sich in Israel, und der Kampf und der Hass gegen dieses Volk
nimmt immer mehr zu. Das alles haben alttestamentliche Propheten schon gesehen. Etwas besonders Beeindruckendes sah
ich im Mai 2012. Unser Reiseleiter brachte uns nach Ain Faska,
einer kleinen Oase am Toten Meer. Nur wenige Meter vom
Ufer des hochsalzigen »toten« Meeres entfernt, an einem Platz,

der dicht mit Schilf bewachsen war, lagen Teiche mit herrlich klarem Wasser, in denen viele Fische schwammen. Der Reiseleiter erklärte, dass sich das Tote Meer immer mehr zurückgezogen hat. So konnten die unterirdischen Wasserströme, die von Regenwasser gespeist werden, vom Gebirge Juda und von Jerusalem her an die Oberfläche kommen. An diesem Ort lasen wir Hesekiel 47. Der Prophet sieht am Ende der Zeit einen großen Strom, der von Jerusalem hinab zum Toten Meer fließt. »Und es soll sehr viele Fische dort geben, wenn dieses Wasser dorthin kommt« (Hes 47,9). Genau hinsehen. Da geschieht Vor-Erfüllung dessen, was in der Königsherrschaft von Jesus Christus im Tausendjährigen Reich vollendet wird.

Genau hinsehen und genau hinhören, so kann ich prüfen und verstehen. Ein anderes Beispiel: Im Fernsehen läuft ein Film. Ich stelle den Ton ab. Ich sehe den Film immer noch, aber schon nach kurzer Zeit kann ich der Handlung nicht mehr folgen, verstehe ihn nicht mehr. Jesus fordert uns auf, genau hinzusehen. Was in der Welt geschieht, die Geschichte, das ist der »Filmstreifen«, und in der Bibel haben wir den »Ton« dazu. Nur mit ihr kann ich wirklich prüfen, verstehen und einordnen, was ich sehe, was geschieht. Eine der häufigsten Mahnungen von Jesus, auch des auferstandenen Christus, lautet deshalb: »Wer Ohren hat, der höre« (zum Beispiel Mt 13,9; Offb 2,7).

Der Ton zum Film

Das betont vorangestellte »Sehet zu«, mit dem Jesus seine Antwort auf die Fragen der Jünger einleitet, meint ein Sehen, das Gefahren erkennt, sich vorsehen und in Acht nehmen. Gerade weil wir Christen mitten in den Schrecken und bösen Entwicklungen dieser letzten Zeit leben, gilt es, die Gefahren zu erkennen und ernst zu nehmen. Wir sind keine neutralen Beobachter, sondern ständig in der Gefahr, mitgerissen zu werden in den ansteigenden Fluten der Ängste. Weil der Satan, der Herr dieser Weltzeit, in seinen Unheilswegen Gottes Heilsvollendung verhindern

Sehen, um Gefahren zu erkennen

will, greift er mit aller Macht die an, die dem Heiland Jesus vertrauen, zu ihm aufsehen, auf ihn hören und so dem Bösen widerstehen. Er versucht mit aller Macht, die Jesusleute zu verführen. Deshalb steht diese Mahnung von Jesus am Anfang: »Seht
zu, dass euch nicht jemand verführe« (Mt 24,4).

Das griechische Wort für Verführung macht die ganze Band-
breite möglicher Verführung deutlich. Die Grundbedeutung ist
»schlagen, durch Schläge gefügig machen«, etwa
ein Zugtier in eine Richtung zwingen. Weitere Be-
deutungen sind »vom Weg abbringen, vor sich her
treiben, wegtreiben, vertreiben, erschrecken, in
Zweifel bringen, täuschen, betrügen, umhertreiben, in die Irre
führen, besiegen, schwankend machen«. Der Satan hat unzählige Arten und Weisen, Christen zu verführen, immer mit dem
Ziel, sie von Jesus wegzutreiben.

Bei aller Furcht vor seiner Verführung gibt es doch ein sehr
tröstliches Wissen: Wenn ich entschlossen bei Jesus bleibe, im
Gebet mit dem lebendigen Herrn verbunden bin,
vertrauend auf sein Wort höre, in seiner Gemeinde
verwurzelt bleibe und täglich aus seiner Vergebung
lebe, dann kann mich niemand verführen, dann bleibe ich in
allen Angriffen und Versuchungen bei ihm geborgen und von
ihm gehalten. Dann kann ich die Zusage von Jesus für mich
ganz persönlich nehmen. »Niemand wird sie (meine Schafe)
aus meiner Hand reißen« (Joh 10,28). Entsprechend sagt Jesus
zu: »Wer aber beharrt bis ans Ende, der wird selig werden« (Mt
24,13). »Beharren« heißt im Grunde »auf jemanden warten«
oder »im Kampf bestehen«. Das ist die Haltung des Christen:
Wir warten vertrauensvoll auf die Gegenwart, Kraft und Hilfe
von Jesus Christus und siegen so im Kampf, widerstehen in allen Versuchungen. Auf seine Kraft warten, ihn erwarten, das
bedeutet, dass ich kindlich erwartend bete. Seine Zusage »Bittet,
so wird euch gegeben« (Mt 7,7) gewinnt in den Nöten der letzten Zeit ihre tiefste Bedeutung. Wer so betet und beharrt, der

Marginal notes:

Von Jesus
wegbringen

Bei Jesus bleiben

wird (von Jesus) *gerettet* werden, der wird »anschwellen in Kraft«
(so eine Bedeutung des Wortes), der wird zum Ziel kommen.
Die Verführung kommt durch falsche Heilsbringer. »Ich bin
der Christus« (Mt 24,5) – als »Christus«, der Gesalbte, der von
Gott Bevollmächtigte und Beauftragte, treten sie
auf. Johannes nennt sie »Antichristen« (vgl. 1. Joh   Antichristen
2,18 f) und sagt ihr massives Auftreten eben für
die »letzte Stunde« voraus. Bedrückend ist, dass diese verführ-
enden Christusse, diese angeblichen Heilsbringer, offensichtlich
aus der christlichen Gemeinde selbst kommen. »Sie sind von
uns ausgegangen« (1. Joh 2,19) schreibt Johannes überdeutlich.
Schon in den ersten Jahren der christlichen Gemeinde traten
solche Heilsbringer auf, aus der jüdischen und wohl auch aus
der christlichen Gemeinde. Lukas erwähnt in der Apostelge-
schichte drei von ihnen: Theudas, der etwa 400 Menschen um
sich sammelte, ihnen das Heil versprach, das er mit ihnen –
wohl mit Gewalt gegen die Römer erkämpfen wollte. Er »wurde
erschlagen und alle, die ihm folgten, … vernichtet« (Apg 5,36).
Genauso erging es Judas, dem Galiläer (V. 37). Wohl kurz bevor
Paulus in Jerusalem verhaftet wurde, hatte »der Ägypter«, so
wurde dieser »Christus« genannt, viertausend Menschen zum
Aufruhr angestiftet (Apg 21,38) und war ebenfalls gescheitert.
Die Reihe dieser selbsternannten Christusse setzt sich durch die
Geschichte fort. Heute treten sie als große Erneuerer, Reformer,
Weltverbesserer auf, die ganze Völker in ihren Bann ziehen, wie
etwa Mao in China, Lenin in der UdSSR oder die Führer Nordkoreas heutzutage, die gottgleiche Verehrung erwarten und erfahren. Auch Adolf Hitler hat immer wieder betont, dass er von
der »Vorsehung« auserwählt sei – und hat das deutsche Volk in
den schrecklichen Untergang gerissen.
  Nicht so spektakulär, aber nicht weniger gefährlich sind die
»kleinen Christusse«, so wollen wir sie nennen, die sich in christliche Gemeinden einschleichen. Sie berufen sich auf besondere
göttliche Eingebungen und stiften durch ihren »Ich-aber-sage-

euch«-Stil große Verwirrung. Viele fanatische, auch »christliche«
Sekten sind solchen Führern hörig. Jesus bezeichnet ihr Auftreten mit »unter meinem Namen«, ein Ausdruck, der
»Unter meinem   im Finanzbereich gebraucht wird im Sinne von »in
Namen«   der Vollmacht von« oder »auf Rechnung von« jemand anders. »Kleine Christusse« wollen die Autorität von Jesus für ihre Zwecke in Anspruch nehmen. Anhand
von drei Maßstäben können sie und ihre Aussagen entlarvt werden. Erster und bleibender Maßstab ist das biblische Wort. Wer
dem biblischen Wortlaut widerspricht, etwas »hinzufügt« oder
»wegnimmt« (Offb 22,18.19), der ist nicht bevollmächtigt und
nicht vom Geist Gottes geleitet. Zweitens ist die Haltung und
das Bekenntnis zu Jesus zu beurteilen. Als Jesus von Nazareth ist
Gott Mensch geworden; dieser Jesus ist der Christus, der Sohn
Gottes, der von Gott Gesalbte und Bevollmächtigte. »Der, der
leugnet, dass Jesus (allein und einzig) der Christus ist« (1. Joh
2,22), der ist ein »Lügner«. Und der dritte Maßstab: Falsche
Christusse bringen immer Spaltung in die Gemeinde, sammeln
ihre Anhänger und verlassen die gewachsene Gemeinde. »Sie
sind nicht von uns, sonst wären sie ja bei uns geblieben«
(1. Joh 2,19) stellt Johannes eindeutig fest. Verführer spalten
und zerstreuen die christliche Gemeinde. Der Heilige Geist
eint und sammelt die Gemeinde. Niemand kann sich auf Jesus
Christus berufen, der seinem Wort widerspricht, der seine Einzigartigkeit bestreitet und der seinen Leib, die Gemeinde, ab-
sichtlich spaltet. Davon ausgenommen sind jedoch Abgrenzun-
gen und Spaltungen aufgrund von gravierenden Irrlehren (vgl.
1. Kor 11,18-19).

Zunehmende Verführung geht in unserer letzten Zeit auch
von vielen falschen Propheten aus, wie es Jesus in Matthäus
24,11 ankündigt. Propheten im biblischen Sinn
Falsche Propheten   sind Menschen, die Gott berufen hat, seinen Willen und sein Wort anderen Menschen weiterzusa-
gen. Nicht selbst Erdachtes, sondern einzig und allein Gottes

Worte. Damit ist schon der wichtigste Maßstab genannt, mit dem die christliche Gemeinde wahre von falscher Prophetie unterscheiden kann: wiederum die Bibel, das geschriebene Wort Gottes. Wer dem biblischen Wort widerspricht oder die Bibel umdeutet, ergänzen oder reduzieren will, ist ein falscher oder Lügenprophet. Dahinter steht letztlich der Satan. Jesus stellt klar: »Er ist ein Lügner und der Vater der Lüge« (Joh 8,44). Schon im Paradies stellt der Satan, die Schlange, das Wort Gottes infrage: »Sollte Gott gesagt haben?« (1. Mose 3,1) und verführt Adam und Eva.

Lügenpropheten, die mitten aus der Gemeinde kommen, die sich den Anschein frommer Leute geben und das biblische Wort zitieren – aber umdeuten, sie können Christen verführen. Es ist immer dieselbe teuflische Methode: Das Wort Gottes, die Bibel, wird infrage gestellt. Oft im Gewand der Wissenschaftlichkeit und Ernsthaftigkeit. Die sogenannte »historisch-kritische Methode« der Bibelauslegung hat der Gemeinde tief geschadet. Die Berichte von der Geburt von Jesus, seinen Wundern, seinem Tod am Kreuz, seiner Auferstehung und Himmelfahrt wurden zu Mythen erklärt, als geschichtliche Erzählungen gewertet, die letztlich nur Bedeutsamkeiten, geistige Vorstellungen und geistliche Impulse wiedergeben und eben keine geschichtliche Wirklichkeit überliefern. Gleichzeitig wird das Neue Testament »entrümpelt«. Viele Worte von Jesus in den Evangelien werden Theologen aus der frühen Gemeinde zugeschrieben und Jesus nur in den Mund gelegt, zum Beispiel der Missionsbefehl oder die Einsetzungsworte zum Abendmahl. Berichte von Wundern und Heilungen seien erfunden worden, um Ansehen und Verehrung von Jesus zu mehren. Immer wieder die entlarvende Schlangenfrage: »Sollte Gott gesagt haben?« Und wissenschaftlich verbrämte Antworten lauten: »Nein, das hat er nicht gesagt. Nein, das hat er nicht so gemeint. Nein, das ist nicht so geschehen.« Und in beruhigender Absicht wird versichert: All das sei

»Sollte Gott gesagt haben ...?«

von den Verfassern der biblischen Texte aus besten Motiven
und mit guten Zielen getan worden. Auch weite Teile des Alten
Testaments wurden und werden so umgedeutet. Es seien weithin keine geschichtlichen Berichte, sondern in Geschichten ver-
dichtete Überlieferungen und mythische Traditionen. Adam,
Abraham, Mose, David und viele andere seien keine wirklichen
Personen, sondern personifizierte Stammesüberlieferungen und
menschliche Urerfahrungen. Wir sagen ganz einfach: Wer dem
biblischen Wort vertraut und es so nimmt, wie es dasteht, wie es
von einfachen Menschen zu verstehen ist, der kann aller Verführung widerstehen.

Das ist der schärfste und zunehmende Angriff des Satans
durch solche falschen Propheten, dass er der Waffe des Wortes
Gottes die Spitze abbrechen will.»… und werden
viele verführen«, (Mt 24,11) stellt Jesus ganz nüchtern fest. Christliche Gemeinde ohne feste, vertrauende Bindung an das biblische Wort ist be-
langlose Gemeinde ohne Vollmacht, ohne den Heiligen Geist.
Da wird Kirche weltförmig. Gewiss ist es nötig, die Bibel auszulegen. Vieles ist dabei zu bedenken. Eine sklavische Bindung an
den Buchstaben ist nicht hilfreich. Drei Grundsätze weisen einen gangbaren Weg. Erstens: Die Bibel will heilsgeschichtlich
verstanden werden. Gott offenbart seine Heilsabsichten im Lauf
der Geschichte immer klarer. Das Heil wird ganz in Jesus Christus erfüllt. Mit ihm ist das biblische Wort erfüllt, fertig geschrieben. Mehr braucht es nicht. Zweitens: Die Bibel will meistens in
ihrem Wortsinn verstanden werden. Bei prophetischen Bildern
ist das jedoch oft nicht möglich. Bei ihrer Auslegung helfen
andere Schriftstellen; im Zweifel ist Zurückhaltung angebracht.
Und drittens: Das biblische Wort ist verbindlich. Unser vertrauender Gehorsam ist gefragt. Das Wort hören und tun. Jesus
sagt:»Wer mich liebt, der wird mein Wort halten« (Joh 14,23).
Auch auf eine ganz andere Weise haben falsche Propheten
Verwirrung in die Gemeinde getragen und tun es weiterhin:

Die Auslegung
der Bibel

Indem sie nämlich unter dem Deckmantel einer tiefen Frömmigkeit das biblische Wort zu einem schweren Gesetz machen, es radikalisieren. Paulus warnt: »Sie gebieten, nicht zu heiraten und Speisen zu meiden, die Gott geschaffen hat« (1. Tim 4,3). Er entlarvt sie als solche, »die zwar einen Schein von Weisheit haben durch selbst erwählte Frömmigkeit und Demut ...; sie sind aber nichts wert und befriedigen nur das Fleisch« (Kol 2,23). Das ist nichts anderes als eine Spielart des Bemühens um Selbsterlösung. Das widerspricht deutlich Gottes Heilsweg: Allein aus Gnade, allein aus Glaube, allein durch den Sühnetod von Jesus Christus am Kreuz wird ein Mensch gerettet. Die Bibel legt uns keine Last auf, unter der wir stöhnen müssten, sondern Gottes Wort leitet uns hinein in die fröhliche Freiheit der Kinder Gottes, die in brennender Liebe zu Jesus seinen lebenspendenden Worten vertrauen. Wo Fanatismus, Zwang, Leibfeindlichkeit und Askese verkündigt werden, da sind Lügenpropheten am Werk. Besonders gewissenhafte Christen können dadurch leicht verunsichert werden. Gesetzlichkeit, die Lehre von Vorschriften, die Gott nicht gegeben hat, erhebt einen Absolutheitsanspruch. Wer sie nicht befolgt, ist kein echter Christ. Bestimmte Ansichten zu Themen wie Rauchen, Tanzen, Kleidung, Musikstil, Alkohol und viele andere, eigentlich unbedeutende »Mitteldinge« werden da plötzlich zu wichtigen Maßstäben für wirkliches Christsein. Auch hier gilt: Wenn dadurch Streit, Verurteilung und Spaltung in der christlichen Gemeinde entsteht, ist nicht der Geist Gottes am Werk, sondern »das Fleisch wird befriedigt«, das heißt, menschliche Geltungssucht und zerstörende Rechthaberei.

Lügenprophetie in ganz wörtlichem Sinn geschieht oft in Zukunftsvoraussagen, wenn kommende Ereignisse, im Leben Einzelner oder mit weltweitem Horizont, angesagt werden. Eine »christliche« Sekte in den USA kündigte die Entrückung für einen bestimmten Tag an. Mit etwas Bibelkenntnis ist das sehr

Zwang und Gesetzlichkeit

leicht zu enttarnen. Ein Maßstab für Zukunftsprophetie steht in
5. Mose 18,22: »Wenn der Prophet redet in dem Namen des
Herrn und es wird nichts daraus und es trifft nicht
ein, dann ist das ein Wort, das der Herr nicht geredet hat.« Trotzdem wird so viel Verwirrung in
die Gemeinde hineingetragen, gerade weil solche
konkreten Voraussagen eine große Anziehungskraft haben.

**Falsche Zukunfts-
voraussagen**

Die Macht der falschen Christusse und Lügenpropheten in
der christlichen Gemeinde wird wachsen. Jesus weist in seiner
Endzeitrede mehrfach darauf hin: »Es werden falsche Christusse und falsche Propheten aufstehen
und große Zeichen und Wunder tun« (Mt
24,24). Es bleibt nicht bei Worten, beeindruckende Wundertaten kommen dazu. Die letzte Zeit wird zunehmend von Wundern und Krafttaten bestimmt sein. Das ist nicht neu. Schon
Mose hat es erlebt. Er warf seinen Stab auf den Boden und er
wurde zu einer Schlange; ein Wunder, zu dem Gott ihn bevollmächtigt hatte. »Und die ägyptischen Zauberer taten ebenso mit
ihren Künsten« (2. Mose 7,11). Auch die ersten beiden Ge-
richtshandlungen Gottes an Ägypten, nämlich die Verwandlung
der Gewässer in Blut und die Froschplage, konnten die ägyptischen Zauberer nachmachen (2. Mose 7,22; 8,3). Der Satan hat
Macht und verleiht seinen Beauftragten ebenfalls dämonische
Kräfte. »Der Böse aber wird in der Macht des Satans auftreten
mit großer Kraft und lügenhaften Zeichen und Wundern« (2.
Thess 2,9), sagt Paulus voraus. Und der auferstandene Christus
verdeutlicht in der Offenbarung an Johannes, wer dieser »Böse«
ist, nämlich der Antichrist, hier als das erste Tier aus dem Meer
beschrieben. Der Satan wird an ihm sogar das Wunder der Auferstehung nachmachen (Offb 13,3.4), sodass viele Menschen
diesen Herrscher anbeten und ihm bedingungslos folgen werden.

Verführende Wunder

Schon immer waren Menschen von Wundern und Krafttaten
fasziniert. Sie gelten als sichtbarer Erweis der Vollmacht und

Gottesnähe. Jesus hat viele solche Zeichen und Wundertaten in Israel getan, sogar Totenauferweckungen. Dabei ist die Auferweckung des Lazarus wohl am beeindruckendsten: Einem Leichnam, der schon im Stadium der Verwesung ist, gibt Jesus das Leben zurück. Bei dieser Macht- **Das Ziel der Wunder** tat wird deutlich, was der Zweck, das Ziel solcher Krafttaten ist: »Viele nun von den Juden, die … sahen, was Jesus tat, glaubten an ihn« (Joh 11,45). Die Wunder wollen zum Glauben helfen, sie sollen in die Lebensgemeinschaft mit Jesus führen. Das geht aber nicht automatisch so. Nach dem Wunder der Auferweckung des Lazarus fassen die Führer der Juden, die Hohenpriester, der Hohe Rat, das oberste Leitungsgremium Israels einen ganz anderen Beschluss. Johannes hält fest: »Von dem Tage an war es für sie beschlossen, dass sie ihn töteten« (V. 53). Dass Wunder zum Heiland führen können, zeigt sich ganz aktuell etwa im erstaunlichen Wachstum der Nethanja-Kirche in Indien. Mehr als 800 der inzwischen über 1 000 Gemeinden sind nach Wundern, Heilungen und Krafttaten entstanden. Jesus hat den Evangelisten und Pastoren oft die Vollmacht gegeben, solche Krafttaten zu tun. Gerade dann, wenn die Medizinmänner und Zauberer in den Dörfern ihre okkulten, dämonischen Kräfte demonstrierten. Dann fingen die Menschen an zu fragen: »Wer ist dieser Gott, Jesus, der solche Kraft hat?« Damit war der Boden bereitet für die Verkündigung des vollen Evangeliums, und viele kamen zum Glauben.

Die Verführung durch die Lügen-Christusse und -Propheten und ihre Krafttaten wird zunehmen und in der weltweiten »Kirche« des Antichristen und seinen Propheten gipfeln. Sehen, ob das eintritt, was angekündigt wird **Prüffrage: Wer wird** (vgl. 5. Mose 18,22), reicht dann nicht mehr aus. **angebetet?** Auch die Lügenpropheten weisen großartige Zeichen und Wunder und möglicherweise auch zutreffende Zukunftsprophetien auf. In der Bibel haben wir ein weiteres Prüfmerkmal: Wenn solche Propheten und Wundertäter von dem lebendigen Gott, von Jahwe, wegführen, sind sie als Lügenpropheten entlarvt (5. Mose 13,2-4). Vom Antichristen wird sogar gesagt: »Er tat sein Maul auf zur Lästerung gegen Gott, zu lästern seinen Namen und sein Haus und die im Himmel wohnen« (Offb 13,6). Da fällt endgültig die Maske und der Satan zeigt sein unverstelltes Gesicht. Wer wird gelobt, wer verlangt Anbetung und Ehre? Das ist also die Prüffrage, mit der Krafttaten eindeutig beurteilt werden können. Nach den Heilungen und Krafttaten von Jesus berichten die Evangelisten übereinstimmend die Reaktion derer, die das miterlebten: »Sie priesen den Gott Israels.« Also nicht Jesus selbst. Er war in seinem Tun wegweisend, wies hin auf Gott, seinen Vater, und gab ihm alle Ehre. Heute werden die Charismata (die Gnadengaben des Heiligen Geistes) in christlichen Gemeinden zunehmend neu entdeckt, zum Beispiel die Gabe der Heilung. Das ist gut so. Aber Prüfung bleibt geboten. Immer wenn solches Tun mit Menschenverehrung einhergeht, ist Vorsicht geboten; da drängt sich ein fleischlicher, vielleicht sogar dämonischer Geist herein. Und noch ein ganz einfacher Maßstab zur Prüfung: Wird Geld verlangt? Muss man bezahlen? Der Geist Gottes und die Nachfolger von Jesus geben umsonst. Jesus macht mit seiner Hilfe nie Geschäfte.

Wunder und Krafttaten zur Verführung werden in dieser letzten Zeit zunehmen. Der erhöhte Christus mahnt zur Nüchternheit eben für diese Zeit: »Hier ist Geduld und Glaube der Heiligen« (Offb 13,10) gefragt.

Kurz zusammengefasst

1) Die Verführung mitten aus der Gemeinde nimmt immer mehr zu.

2) Falsche Propheten und falsche Christusse treten im Namen von Jesus auf.

3) Mit Zeichen und Wundern sowie der Umdeutung der Bibel führen sie von Jesus weg und binden an Menschen.

Zum vertiefenden Gespräch

1) Was sind biblische Maßstäbe, um falsche Zeichen und Wunder zu erkennen?

2) Wo und wie erleben wir heute Umdeutungen der Bibel?

3) Was bedeutet »in Jesu Namen«?

Bibeltexte

Matthäus 24,3-7.11-13.23-27.30-32; 2. Petrus 3,3-4.9-10; 1. Johannes 2,18-22; 1. Timotheus 4,1-3

Vorschlag zur Bibelarbeit

Einleitung
Verführung hat das Ziel, von Jesus wegzuführen

1) Weg von Jesus
Das ist die teuflische Taktik der Verführung: Im Namen von Jesus treten in der Gemeinde falsche Propheten und Christusse auf. Sie beanspruchen seine Autorität. Falsche Propheten, die mit der Bibel umgehen, sie aber umdeuten. Die historisch-kritische Methode der Bibelauslegung: Berichte aus dem Alten und dem Neuen Testament werden als Mythen und Legenden behandelt, die »Bedeutsamkeiten« ausdrücken wollen, aber nicht

tatsächliches Geschehen. Falsche Christusse tun Zeichen und
Wunder, um zu beeindrucken. Doch sie machen sich selbst damit groß. Kriterien zur Unterscheidung: a) Wer wird groß gemacht? b) Wird Geld verlangt? Immer ist die Grundrichtung:
Weg von Jesus!

2) Hin zu Menschen

Das wichtigste Unterscheidungsmerkmal ist: Steht Jesus Christus im Mittelpunkt, oder Menschen, etwa Theologen? Sie bringen angeblich erst das richtige Verständnis der Bibel. Die biblischen Texte seien menschliche Gedanken, mit denen sie
religiöse und psychologische Erkenntnisse ausdrücken wollten.
Oder sind Menschen im Mittelpunkt, etwa Wundertäter? Sie
werden gelobt und verehrt. Zeichen und Wunder sind aber biblische Hinweiszeichen auf Jesus Christus. Sie sind nicht das
Heil, sondern führen zum Heiland. Achtung vor falscher Beto-
nung von charismatischen Gaben und Begabten: Eine Prophetie, in der Jesus angeblich direkt spricht (»Ich, Jesus, …«), muss
sehr sorgfältig geprüft werden. Es gibt so viel Verführung im
ganz frommen Gewand. Verführer spalten die christliche Gemeinde. Der Heilige Geist sammelt und eint.

3) Ganz beim Wort Gottes

Christen widerstehen der Verführung, indem sie ganz bei Jesus
bleiben. Und das heißt: Dem biblischen Wort ganz vertrauen, es
schlicht beim Wort nehmen. Grundsätzlich schließt der Wortsinn die Bibel auf; bei prophetischen Texten ist besondere Sorg-
falt geboten. Wer im Namen von Jesus aufsteht und gegen die
Bibel spricht oder etwas verbindlich lehrt, was in der Bibel nicht
offenbart ist, der ist ein Verführer. Solche Verführung nimmt
zu. Christen sind nicht bibelgläubig, sie glauben an Jesus Christus, aber sie stehen zur Bibel als gültiger Offenbarung von Gott.

Schluss

Mit seiner Endzeitrede hilft Jesus uns, Verführung zu erkennen und ihr zu widerstehen.

5. Die Welt wird nicht immer besser

Neben der Verführung gefährdet auch die Angst den Glauben und das Vertrauen der Jesusleute. Das ist eine zweite Angriffstaktik des Satans. Er macht Angst und bereitet Furcht, die sich ausbreiten kann. Wer Angst hat, verliert den nüchternen Blick und wird manipulierbar. Jesus kennzeichnet die Menschen der letzten Zeit als von Angst Geschüttelte. »Die Menschen werden vergehen vor Furcht« (Lk 21,26). Furcht ist eigentlich wörtlich »Flucht«, kopflos fliehen, irgendein Versteck suchen. So wie Adam im Paradies auf den Ruf Gottes antwortete: »Ich … fürchtete mich … darum versteckte ich mich« (1. Mose 3,10). Die Menschen werden »vergehen« vor Furcht, wörtlich: Es wird ihnen den Atem abschnüren, also nackte Todesfurcht wird sie ergreifen. Wenn das sechste Siegel geöffnet wird und die Welt von den letzten Gerichten erschüttert wird, dann werden die Menschen in ihrer Todesangst Berge und Felsen anrufen: »Fallt über uns und verbergt uns vor dem Angesicht dessen, der auf dem Thron sitzt und vor dem Zorn des Lammes« (Offb 6,16).

Darum mahnt Jesus: »Erschreckt nicht« (Mt 24,6), wörtlich: »Fangt nicht an zu schreien und furchtgeschüttelt zu wehklagen.« Solches Angstgeschrei steckt andere an und schlägt Wellen verschlingender Furcht. Auch Christen leben mitten in der Welt mit ihren anwachsenden Ängsten. Jesus sagt das deutlich: »In der Welt habt ihr Angst« (Joh 16,33), wörtlich »Bedrängnis«; ihr kommt in beängstigende Engpässe und in Drucksituationen, die euch allen Mut nehmen wollen. So widerstehen Christen der Furcht und dem Schrecken: vertrauend beten, Jesus um seine Hilfe anrufen statt kopflos schreien; hinfliehen zu Jesus, statt atemlos davonzufliehen. Das heißt ganz praktisch auch: sich flüchten

Der Satan versetzt in Angst

Erschreckt nicht

zu den biblischen Worten. Dann hören wir von Jesus: »Das muss so geschehen« (V. 6). Hinter und in all dem schlimmen Geschehen steht Gottes Handeln, sein Heilsplan. Auch wenn es vordergründig so aussieht, als habe der Satan alle Macht und könne endgültig vernichten. Nein, der Teufel hat nur so viel Macht, wie Gott ihm lässt. Letztlich hat Gott die Welt und die Geschichte in seinen Händen. Es geschieht nichts ohne sein Zulassen, ohne seinen Willen. Dieses »Muss«, wörtlich »es ist nötig«, ist in Gottes Heilsplan begründet. All diese Schrecken sind »nötig«; vielleicht lassen sich die Menschen doch warnen und rufen in den anschwellenden Nöten doch noch Gott um Rettung und Hilfe an. Das ist das große Vorrecht und der Auftrag der Christen in der Schreckenszeit: Nicht mit einzustimmen in das Angstgeschrei, sondern auf den hinzuweisen, der sagt: »Seid getrost, ich habe die Welt überwunden« (Joh 16,33). Dazu sagt Jesus: »Es ist noch nicht das Ende da« (Mt 24,6). Die Weltgeschichte endet nicht in Chaos, Schrecken und Vernichtung. Das Ende wird Rettung und Neuschöpfung sein für alle, die zu Jesus hinfliehen, die ihn als Retter bekennen, die sich an ihn und sein Wort klammern, die bei ihm sich bergen und mit ihm leben.

Die Welt wird nicht immer besser. Sie geht immer mehr der Zerstörung entgegen. »Ihr werdet hören von Kriegen« (Mt 24,6) sagt Jesus, wörtlich: »Kriege stehen bevor und werden ausbrechen.« Seitdem Kain im »Bruderkrieg« Abel erschlug, war nie mehr wirklich Friede auf dieser Erde. Die Geschichte der Menschheit kann durchaus als Geschichte sich ausbreitender Kriege beschrieben werden. Dahinter steht die Ursünde der Trennung von, der Rebellion gegen Gott. Er hat den Menschen als sein geliebtes Gegenüber geschaffen; Gott war mit ihm und hat ihn im Paradiesgarten umfassend versorgt. Als der Mensch, von der Schlange verführt, Gott gegenüber ungehorsam wurde, ist er sozusagen vaterlos geworden. Er will und er muss nun für sich selbst sorgen. Er wird zum Egoisten. Darin liegt die Wurzel der Kriege: Ich muss für mich und das Meine sorgen. Da wird der Andere sehr schnell zum Gegner, der mich bedroht, so kommt es zum Kampf. Wir Menschen sind »geborene Krieger«, in unserer Eigensucht setzen wir unser Recht durch, mit Gewalt, auf Kosten anderer. Und was den Einzelnen prägt, überträgt sich auf ganze Völker. Die Rebellion gegen Gott bestimmt die Haltung der Menschen. »Warum toben die Heiden und murren die Völker so vergeblich? Die Könige der Erde lehnen sich auf, und die Herren halten Rat miteinander wider den Herrn und seinen Gesalbten: Lasset uns zerreißen ihre Bande und von uns werfen ihre Stricke« (Ps 2,1-3).

Zunächst werden wir von den Kriegen nur hören. Noch sind es einzelne, lokal begrenzte Kriege, aber sie kommen immer näher und ergreifen schließlich alle Völker und die ganze Erde. Die Einschläge kommen näher, es   Weltkriege wird nicht nur beim Hören bleiben. Das schreckliche Geschehen im Ersten und Zweiten Weltkrieg erfasste mehr oder weniger alle Kontinente und alle Völker. Beide Kriege gingen von Deutschland aus und haben die ganze Welt in Brand gesetzt. Eine der ersten Ursachen war das Machtstreben des deutschen Kaiserreichs. In der Niederlage im Ersten Weltkrieg und dem aufgezwungenen Frieden lag dann schon der Keim für den nächsten Weltenbrand. Die Schatten eines dritten Weltkrieges tauchen immer wieder am Horizont auf. Später wird nicht mehr das Machtstreben einzelner Völker im Vordergrund stehen. Experten sagen voraus, dass die nächsten Kriege um die Rohstoffe geführt werden, etwa um Öl, Wasser oder andere Rohstoffe, die für die Wirtschaft unverzichtbar sind. Einen Vorgeschmack haben wir im Golfkrieg erlebt.

Jesus spricht von »Kriegsgeschrei«, das meint sowohl den Schlachtenlärm als auch Kriegsgerüchte und -drohungen. Den Kriegslärm erleben wir heute zeitgleich im Fernsehen mit – »ihr werdet hören« ganz wörtlich. Den Einschlag der präzise geziel-

ten Bomben, den Donner der Raketen und Geschütze bis hin
zu dem Rasseln der Panzer und dem Knattern der Gewehrsalven
                    – wir sitzen vor dem Fernseher und hören und se-
Kriegsgeschrei   hen, zum Beispiel die Kämpfe in Syrien, in Mali,
                    im Sudan, in Afghanistan, um nur einige Kriegs-
herde im Jahr 2013 zu benennen. Das Geschehen wird frei
Wohnzimmer geliefert. Gleichzeitig nehmen die Gerüchte um
Kriege zu. Etwa ein bevorstehender Angriff Israels auf die irani-
schen Atomanlagen. Die Drohung mit Krieg versetzt viele in
Angst und Schrecken, gerade seitens des Iran, der seinen Vor-
satz, den Staat Israel auszulöschen, immer wieder mit großem
Hass verkündet. Das Säbelrasseln Nordkoreas mit seinem
Atomprogramm versetzt ganz Asien in größte Unruhe. Im arabischen Lager nehmen Kriegsdrohungen etwa zwischen Schiiten
und Sunniten zu, oder zwischen den Volksmassen und ihren
autokratisch regierenden Herrschern. Die prophetischen Aussagen von Jesus gewinnen heute an Aktualität wie nie zuvor.

»Es wird sich ein Volk gegen das andere erheben« (Mt 24,7),
verdeutlicht Jesus. Eigentlich sind hier einzelne Völkerschaften,
                    Stämme, gemeint. In der ehemaligen Sowjetunion
Volk gegen Volk   lebten mehr als 300 Völker »vereint«, oft zwangs-
                    weise mit brutaler Unterdrückung. Wie schnell
solche Staatengebilde in schrecklichen Bürgerkriegen zerfallen,
haben wir an den blutigen Auflösungskriegen des ehemaligen
Jugoslawien erlebt. Große Staaten wie Indien mit mehr als 400
verschiedenen Völkern und China, ebenfalls mit Hunderten
von zwangsweise eingegliederten Volksstämmen einschließlich
Tibet, versuchen mit aller Macht, den Ausbruch von Völkern,
die nach Eigenstaatlichkeit streben, zu unterdrücken. Das
schlimme Gemetzel zwischen Hutus und Tutsis in Ruanda ist
bis heute unvergessen. Das alles sind Brandherde, die sich immer schwerer unter Kontrolle halten lassen und den Weltfrieden
bedrohen.

»Ein Königreich gegen das andere«, fährt Jesus fort. Hier sind wohl mehr als einzelne Staaten oder Völker gemeint. Bei diesen »Königreichen« kann es sich auch um Ideologien, Wertsysteme, Heilslehren, ja sogar um Religionen handeln, die Herrschaft über uns Menschen ausüben. Solche Kämpfe zwischen den Macht- und Herrschaftssystemen stehen heute durchaus am Horizont. Die USA greifen in viele Konflikte im Namen der Demokratie ein.

Königreich gegen Königreich

In Afghanistan geht der Krieg auch um das absolutistische, fundamentale islamische System gegen westlich orientierte demokratische Werte. Auch im sogenannten »arabischen Frühling«, der viele arabische Völker in bürgerkriegsähnliche Zustände getrieben hat, steht das mit im Hintergrund. Kapitalismus und Sozialismus ringen weltweit in der Wirtschaft und Finanzwelt um marktbeherrschenden Einfluss. Zwar hat der Kommunismus nach dem Zusammenbruch der UdSSR viel Faszination verloren, aber China, das bevölkerungsreichste Land dieser Erde, hält am Staatskommunismus fest. Mit seiner aufstrebenden wirtschaftlichen und finanziellen Macht bringt es die westlichen Demokratien und Volkswirtschaften mehr und mehr in Bedrängnis. Das kann durchaus zur gefährlichen ideologischen Auseinandersetzung werden. Auch Religionen werden zu aggressiven Ideologien, wenn sie politisch missbraucht werden. Zu sehen ist das heute am Islam. Sich auf den Islam berufende Terrororganisationen, wie die Taliban in Afghanistan oder al-Qaida, stürzen Länder in Bürgerkriege, und mit ihren weltweiten Terroranschlägen verbreiten sie Angst und Schrecken. Der Hinduismus in Indien, eine eigentlich friedfertige Religion, wird politisch eingesetzt, um diesem Vielvölkerstaat eine nationale Einheit zu geben. »Jeder Inder ein Hindu«, heißt die Devise. Und das wird zum Kampfruf gegen alle, die eine andere Religion haben, seien es Moslems oder Christen. Fanatische Kampfgruppen, die sich »Soldaten Schiwas« nennen, veranstalten in ganz Indien immer wieder Massaker an Moslems, aber auch gegen Christen. Die zunehmende Christenverfolgung ist selbst in vielen islamischen Ländern im Tiefsten nicht religiös motiviert, sondern politisch und ideologisch begründet. Die Zeichen der Letztzeit werden deutlicher.

Immer mehr aber wird Israel, der Staat der Juden, zum Angriffsziel. Neben den arabischen Nationen, die die Auslöschung des Staates Israel propagieren, wächst weltweit die Abneigung, ja der Hass gegen den Judenstaat. Der Antisemitismus hat in vielen Staaten zunehmend Einfluss.

Israel als Störenfried

Bei uns in der Bundesrepublik Deutschland ergeben Umfragen, dass weit über fünfzig Prozent der Bundesbürger Israel als den Störenfried im Nahostkonflikt ansehen, ja sogar als Bedrohung für den Weltfrieden. Israel steht immer mehr isoliert in der Staatengemeinschaft. Das Volk, das um sein Existenzrecht und Überleben kämpft, hat kaum noch Freunde und nur wenige Unterstützer.

Die letzten großen Kriege, die auf diesem Erdball geführt werden, werden gegen Israel geführt. In der Endzeitrede spricht Jesus diese Zukunft Israels deutlich an (vgl. Mt 24,15 ff).

Israel als Angriffsziel

»Das Gräuelbild der Verwüstung« deutet auf die Entweihung des Tempels hin, die schon in den Jahren 70 und 135 n. Chr. geschah, als die Römer in schlimmen Kriegen Israel zerstörten und den Tempel verbrannten, ja an seinem Ort einen Jupitertempel bauten. Heute steht auf dem Tempelplatz eine Moschee. Der Islam scheint endgültig die Oberherrschaft gewonnen zu haben und erklärt Jerusalem zur drittheiligsten Stadt des Islam und seine vollständige Zurückeroberung als heiligstes oberstes religiöses Ziel. Hier wird der Antichrist vorgeschattet, den schon Daniel sieht – und Jesus nimmt das auf (vgl. Dan 11,36). Paulus beschreibt ihn als den, »der sich erhebt über alles, was Gott oder Gottesdienst heißt, sodass er sich in den Tempel Gottes setzt und vorgibt, er sei Gott« (2. Thess 2,4). In Offenbarung 13 verdeutlicht der auferstandene Christus die Gestalt und das gotteslästerliche Gebaren des Antichristen und seines Lügenpropheten. Ein unbändiger Hass wird sich zuletzt gegen Israel richten, um dieses Volk Gottes endgültig zu vernichten.

In Hesekiel 38 wird der erste umfassende Krieg zur Auslöschung Israels beschrieben. Die Angreifer werden unter der Führung von Gog und Magog als Zehner-Allianz gegen Israel Krieg führen. Wer diese Mächte sind, Gog und Magog werden wir dann sehen. Er wird »kommen … vom äußersten Norden« (Hes 38,15); ein Staatenbündnis unter der Führung Russlands mit europäischen Verbündeten ist von daher denkbar. Diese Koalition von zehn Machthabern (vgl. Offb 17,12) wird im Auftrag des Antichristen Israel angreifen. Doch sie werden durch Gottes Eingreifen vernichtend geschlagen werden. »Auf den Bergen Israels sollst du fallen, du (Gog und Magog) mit deinem ganzen Heer und mit den Völkern, die bei dir sind. Ich will dich den Raubvögeln … und den Tieren auf dem Felde zum Fraß geben« (Hes 39,4). Jesus Christus bestätigt das. So ruft ein Engel nach dem schrecklichen Ende der Unionsarmee den Vögeln zu: »Kommt … esst das Fleisch der Könige« (Offb 19,18). Sieben Monate lang wird ganz Israel damit beschäftigt sein, die gefallenen Feinde zu begraben (vgl. Hes 39,12).

Diese verheerende Niederlage und das Scheitern seines Planes, Israel auszurotten, wird den Antichrist in größte Wut bringen. Er wird weltweit seine Heere sammeln und wird in die letzte Schlacht ziehen, die in Harmage-   Harmagedon don stattfinden wird (vgl. Offb 16,16). Damit ist wohl die Jesreel-Ebene gemeint; *Har* heißt Berg und *Magedon* ist der griechische Name für das hebräische »Megiddo«. Eine gewaltige Festung, die von Salomo ausgebaut wurde, überragt die Ebene. Dort wurden schon unzählige Schlachten geschlagen. Alle, die den Plan hatten, die Welt zu erobern, Afrika, Asien oder Europa zu unterwerfen, sie mussten über die Landbrücke Israel. An diesen Brennpunkt hat Gott sein Volk hingesetzt. Die Jesreel-Ebene ist geografisch gesehen das erste große, ebene Gebiet, auf dem die Heere zusammentrafen. Assyrer, Babylonier, Ägypter, Perser, Griechen und Napoleon haben dort blutige Schlachten geschlagen. Und genau da wird der Antichrist seine gewaltige Streitmacht sammeln und zum letzten Kampf gegen Israel, eigentlich gegen Jahwe, gegen Jesus, den Gott und Messias Israels, antreten. Der Prophet Sacharja sieht dies schon im 6. Jahrhundert vor Christus voraus. »Es werden sich alle Völker auf Erden gegen Jerusalem versammeln« (Sach 12,3). Zunächst wird der Antichrist von Sieg zu Sieg eilen, das ganze Land Israel erobern und schließlich auch Jerusalem einnehmen. Er wird keine Schonung kennen und schrecklich wüten. »Die Stadt wird erobert, die Häuser werden geplündert und die Frauen geschändet werden. Und die Hälfte der Stadt wird gefangen weggeführt werden« (Sach 14,2), sieht der Prophet, und weiter: »Es soll geschehen in dem ganzen Lande, spricht der HERR, dass zwei Teile darin ausgerottet werden sollen und untergehen, und nur der dritte Teil soll darin übrig bleiben« (Sach 13,8). Diese aussichtslose Notsituation meint Jesus, wenn er in seiner Endzeitrede von der »großen Bedrängnis« redet (Mt 24,21). Die Menschen werden panikartig fliehen vor den heranstürmenden Feinden. Sie können nichts mitnehmen, nicht einmal das Überlebensnotwendige, wie den Mantel, der in der Kälte der Nacht schützt (Mt 24,16-18). Man spürt Jesus sein Mitleiden ab, wenn er so Schreckliches über sein geliebtes Volk sagen muss. Auch die Jünger sind da ja nicht ausgenommen. Sie leben mittendrin und müssen ebenso fliehen. Jesus spricht nicht als unbewegter Zuschauer. »Weh aber den Schwangeren und den Stillenden zu jener Zeit« (V. 19), da spricht sein ganzes Herz mit. So ruft er dazu auf, vor diesem Untergang darum zu bitten, »dass eure Flucht nicht geschehe im Winter oder am Sabbat« (V. 20). Dass die Not nicht noch gesteigert wird durch die Eiseskälte des Winters oder durch eine Flucht am Sabbat, wenn der Verkehr und Hilfeleistungen sowieso eingeschränkt sind. Beim Jom-Kippur-Krieg 1973, den die arabischen Armeen bewusst am höchsten Feiertag Israels anfingen, war zu sehen, wie l●lflos das ganze Volk an diesem absoluten Ruhetag getroffen wurde.

Doch dies wird der letzte Kampf, der letzte Krieg werden. Wenn die Not am größten sein wird, dann wird Jesus Christus selbst eingreifen und als der wiederkommende Herr sein Volk Israel retten. »Der Herr wird aus-   Das Ende der Kriege ziehen und kämpfen gegen diese Heiden ... Seine Füße werden stehen ... auf dem Ölberg ... Der Ölberg wird sich ... spalten ... und ihr werdet fliehen« (Sach 14,3.4.5). Der als König wiederkommende Christus wird den Antichristen und alle seine Gefolgsleute endgültig vernichten. »Das Tier (der Antichrist) wurde ergriffen und mit ihm der falsche Prophet ... Lebendig wurden diese beiden in den feurigen Pfuhl geworfen, der mit Schwefel brannte« (Offb 19,20).

Dann wird Jesus Christus in Jerusalem das Tausendjährige Reich aufrichten. Israel, das ihn nun anerkennt und in vertrauender Gemeinschaft mit seinem Messias anbetet, wird ein reicher Segen für die ganze Menschheit,   Das Tausendjährige für die ganze Schöpfung sein. In seiner Endzeitrede   Reich geht Jesus auf diese Zeit des Tausendjährigen Reiches nicht ein. Die Endzeitrede ist ja gezielt an die Jünger, an die christliche Gemeinde gerichtet. Wir Christen werden im Tausendjährigen Reich nicht auf dieser Erde sein. Wir werden vorher entrückt werden, hin zu Jesus in seine himmlische Gegenwart. Wahrscheinlich wird das die Zeit sein, in der wir als Überwinder mit Christus mitregieren (vgl. Offb 3,21).

Im Tausendjährigen Reich ist der Satan weggesperrt, aber danach wird er noch einmal losgelassen. Und er tritt – zum ersten Mal selbst – zum letzten Kampf an. Es wird ihm gelingen, noch einmal viele zum Kampf gegen Je-   Das Ende des Satans sus anzustacheln. Tausend Jahre lang werden die Menschen die denkbar besten Lebensumstände gehabt haben. Aber ihr Herz wird sich im Tiefsten nicht verändert haben, sich

nicht zur Liebe zu Jesus anstecken lassen. Das ist die eindrück-
lichste Lehre aus dem Tausendjährigen Reich: Nicht die Um-
stände machen den Menschen böse, sondern sein böses Herz.
Diese letzte, vom Satan angeführte Rebellion, wieder mit
Hauptangriffsziel Jerusalem, geht im Feuergericht unter (vgl.
Offb 20,7-10). Es ist kein wirklicher Krieg mehr, sondern »ihn
(den Satan) wird der Herr Jesus umbringen mit dem Hauch
seines Mundes« (2. Thess 2,8). Ein Atemhauch genügt, um
dem Satan das Lebenslicht auszublasen. So geht der Aufstand
gegen Gott zu Ende: »Und der Teufel, der sie verführte, wurde
geworfen in den Pfuhl von Feuer und Schwefel, wo auch das
Tier und der falsche Prophet waren; und sie werden gequält
werden Tag und Nacht, von Ewigkeit zu Ewigkeit« (Offb
20,10).

   Noch aber breiten sich die Schrecken aus. Immer mehr wird
die Geschichte der Menschheit zur Kriegsgeschichte. Der nackte
               Egoismus treibt Menschen und Völker gegenei-
Hungersnot   nander. Die Folgen dieses Egoismus werden die
               Endzeit immer mehr prägen. Jesus nennt dieses
Zeichen: »Es werden Hungersnöte sein« (Mt 24,7). Wir könnten das griechische Wort auch so umschreiben: »großer Mangel
an – und maßlose Gier«. Beides bedingt einander. Die maßlose
Gier, die viele Menschen antreibt, kann nur auf Kosten anderer
leben. Die einen sammeln ungeheuren Besitz und Reichtum an,
während die anderen in bedrohlichen Mangelsituationen leben
müssen. Das geschieht heute weltweit. 10 Prozent der Weltbe-
völkerung verfügen über 90 Prozent aller Lebensmittel dieser
Erde. Lebensmittel meint dabei alles, was zum Leben nötig ist.
Dazu gehören neben den klassischen Lebensmitteln wie Brot,
Fleisch, Reis, Gemüse, Obst usw. auch sauberes Wasser, reine
Luft, Rohstoffe, Energieträger, gute Wohnbedingungen und
vieles mehr. Ein enormes Ungleichgewicht herrscht heute auf
der Erde. Über ein Drittel der Menschen leidet buchstäblich
täglich Hunger, Unzählige verhungern. Nicht weil es zu wenig

Lebensmittel gäbe, sondern weil die reichen Nationen in ihrer eigensüchtigen Gier nicht bereit sind, gerecht zu teilen. Experten rechnen vor, dass mit den vorhandenen Lebensmitteln 15 Milliarden Menschen ernährt werden könnten. Heute gelingt das nicht bei sieben Milliarden Menschen. Viele Länder Afrikas und Asiens verelenden immer mehr. Allein in Indien wachen jeden Morgen etwa 400 Millionen Menschen mit der Frage auf: Wo bekomme ich heute etwas zu essen her? Wie kann ich meine Familie ernähren?

Der Armutsbericht für die Bundesrepublik Deutschland, den die Bundesregierung im März 2013 herausgab, spricht dieselbe deutliche Sprache. Die Schere zwischen Arm und Reich geht auch in unserem Land immer weiter auseinander. Dasselbe Bild: 10 Prozent der deutschen Haushalte gehören 53 Prozent des Gesamtvermögens. 50 Prozent verfügen gerade mal über 1 Prozent des Gesamtvermögens. Kinder- und Altersarmut werden dringende Themen in der Politik und Gesellschaft unseres Landes. Millionen von Menschen in Deutschland sind auf Sozialhilfe oder Hartz IV angewiesen. Die maßlose Gier nach Gewinn der Konzerne und Banken, nicht nur bei uns, sondern weltweit, lässt Milliarden von Menschen in Armut und Hunger versinken. Sicher gab es zu allen Zeiten Hungersnöte; sie waren aber örtlich und zeitlich begrenzt bis zur nächsten guten Ernte. Heute dagegen ist Hunger ein globales Dauerproblem. In der weltweiten Geiz- und Giermentalität wird sich der Mangel immer mehr ausbreiten und – so sagen Experten ebenfalls voraus – zu zerstörenden Verteilungskämpfen führen.

Armutsbericht in Deutschland

In der älteren Luther-Übersetzung der Bibel steht für Hungersnöte »teure Zeit«. Auch dieser Begriff trifft: In der Gier nach Energie, die die Wirtschaft und ihr Wachstum am Laufen hält, werden Lebensmittel zweckentfremdet. Mais, Getreide und Soja werden zu Benzin verarbeitet. Das verknappt diese Grundnahrungsmittel und

Teure Zeit

treibt die Preise in solche Höhen, dass die Armen sie sich immer
weniger leisten können. Die knapper werdenden Rohstoffe treiben die Preise zusätzlich in die Höhe. Sauberes Wasser und
reine Luft sind nur noch mit dem Einsatz großer finanzieller
Mittel zu gewährleisten. Die Armen werden abgehängt und die
Reichen steigern ihren Profit und Lebensstandard. Die Folgen
sind unabsehbar; ein Massenaufstand der Armen wird immer
wahrscheinlicher. Heute schon gleicht Europa einer Festung,
die die Begehrlichkeiten und den Ansturm der Armen abwehrt.

    Dieses explosive Gemisch von Hunger, Armut und men-
schenunwürdigen Lebensbedingungen ist ein Nährboden für
Krankheiten, Seuchen und Epidemien. Als weite-
Seuchen   res Kennzeichen der fortschreitenden Endzeit
nennt Jesus deshalb Seuchen (Lk 21,11). Hinweg-
raffende Epidemien, so kann das griechische Wort wiedergegeben werden. Lepra war eine solche seuchenartig sich ausbreitende Krankheit, allerdings in der Regel lokal begrenzt, etwa in
den Ländern Asiens und Afrikas. Heute ist Lepra nach den Angaben der Weltgesundheitsorganisation dank der guten Medizin
fast ausgerottet. Im Mittelalter wütete die Pest in Europa und
raffte viele Tausende dahin, ebenso lokal begrenzt. Auch diese
Seuche spielt heute keine Rolle mehr und gilt als überwunden.
Heute erleben wir ganz neue Seuchen, die sich weltweit immer
mehr ausbreiten und zur tatsächlichen Bedrohung werden, vor
allem Aids. Es gibt kein Heilmittel gegen die Immunschwäche,
nur Medikamente, die den akuten Ausbruch hinauszögern, die
Folgen lindern. Aids wird weltweit verbreitet. Besonders in vielen afrikanischen Staaten wurde die Bevölkerung stark dezi-
miert. Die Elterngeneration zwischen 30 und 50 Jahren ist in
manchen Gegenden fast ausgelöscht. Zurück bleiben Hundert-
tausende Waisen, oft selbst infiziert, und Großeltern, die diese
Kinder nur notdürftig versorgen können. Auch viele Länder
Asiens sind schwer betroffen. In Indien gilt die Millionenstadt
Mumbai als Aidshochburg. Über ein Viertel der Bevölkerung

soll mit dem Aidsvirus infiziert sein. In ganz Indien breitet sich diese Krankheit bedrohlich schnell aus. Aber auch in den USA wird Aids zum ernsthaften Problem. Die europäischen Länder leiden ebenfalls unter dieser Seuche. Bei uns in Deutschland ist die Zahl der Neuinfektionen dank der intensiven Aufklärung überschaubar geworden. Doch hat auch bei uns diese tückische Krankheit viele Menschen und Familien zerstört und bleibt bedrohendes Dauerthema.

Die vielfältigen Krebserkrankungen sind zwar keine Seuchen, sind aber auch weltweit verbreitet und stehen mit an der Spitze der Todesursachen. Auch gegen Krebs gibt es keine wirklich umfassende medizinische Hilfe durch Medikamente. Zwar wurden viele Therapien entwickelt, die Heilungschancen sind bei manchen Krebsarten sehr verbessert worden; trotzdem bleibt»Krebs« ein Schreckenswort und existenzielle Angst davor erfasst viele Menschen.

Krebs

Eine ganz andere»Seuche« erfasst immer mehr Menschen, gerade in den westlichen Ländern, aber mit der Tendenz zur globalen Ausweitung: Psychische Erkrankungen wie Depressionen, Veränderung der Persönlichkeit, Burn-out, Verhaltensstörungen, Angstzustände; die Liste kann fast unendlich erweitert werden. Bei uns in der Bundesrepublik Deutschland ist nach medizinischen Statistiken fast jeder dritte Bundesbürger betroffen oder betroffen gewesen. Über 10 Millionen Menschen sind deswegen aktuell in Behandlung, Tendenz steigend, und die Plätze in psychosomatischen Kliniken reichen schon längst nicht mehr aus. Wartezeiten bis zu einem Jahr für eine ärztliche Behandlung sind keine Seltenheit. Auch gibt es hier kaum wirksame Hilfe oder Medikamente. Die Patienten werden teilweise nur ruhiggestellt, der Krankheitsverlauf wird gedämpft und durch Psychotherapie kontrolliert, aber die wirklichen Ursachen bleiben nicht selten im Dunkeln. Nicht nur in unserer hochtechnisierten Gesellschaft mit ihrem überfordernden Leistungs-

Psychische Krankheiten

druck nehmen diese Krankheiten rapide zu, sie breiten sich weltweit aus und werden so zur immer größer werdenden Bedrohung der Menschheit. Anzeichen dafür ist auch die weltweit ansteigende Zahl von Suiziden.

Diese endzeitlichen Entwicklungen, die Jesus hier voraussagt, haben ihre Wurzeln meistens bei den Menschen selbst, da sie im eigensüchtigen Herzen der Menschen angelegt sind. Wir Menschen ernten, was wir säen. Paulus erklärt es so: »Darum hat sie Gott dahingegeben ...« (Röm 1,26). Das griechische Wort kommt aus der Gerichtssprache, etwa wiederzugeben mit »das Urteil vollstreckt, die Strafe vollzogen«. Gott hat seine bewahrende Hand zurückgezogen und wir Menschen gehen an den Folgen unserer Gottlosigkeit in unser Unglück und Verderben. Das ist ein Teil des Gerichtes Gottes. Er greift gar nicht aktiv ein, sondern überlässt die Menschen den Folgen ihres gottlosen Tuns.

Dahingegeben

Die Reihe der Endzeitzeichen schließt Jesus ab mit: »Erdbeben hier und dort« (Mt 24,7). Auch hierbei liegt das Katastrophale im globalen und rapide ansteigenden Geschehen. Diese Erde gerät immer mehr ins Wanken, wird buchstäblich in ihren Grundfesten erschüttert. Wissenschaftler, die das untersuchen, haben gerade im 20. und 21. Jahrhundert einen erschreckenden Anstieg von Erdbeben weltweit festgestellt, um bis auf das Dreißigfache im Vergleich zu früheren Beobachtungen. In den Siegelgerichten werden Erdbeben als Gerichte Gottes geschehen (Offb 6,12; 8,5). Schon Jesaja kündigt gewaltige Erdbeben »durch den Grimm des Herrn Zebaoth, am Tage seines Zorns« (Jes 13,13) an. Alles gerät ins Wanken, selbst die Kräfte des Himmels; es »werden Schrecknisse und vom Himmel her große Zeichen geschehen« (Lk 21,11). Am 15. Februar 2013 stürzte ein Meteorit im Uralgebiet auf die Erde und richtete großen Schaden an. Unausdenkbar sind die Folgen für diese Erde, wenn ein noch größerer Brocken, ein Asteroid, aufschlagen würde. Das könnte

Erdbeben

sogar zu einer Verschiebung der Erdachse führen, was nicht nur zu vermehrten Erdbeben führen würde, sondern auch zu einer drastischen Veränderung der Lebensbedingungen auf dieser Erde.

Die Menschheit taumelt in Schrecken dem Ende entgegen. Mitten in der Finsternis der ausgehenden Zeit leuchten diese Worte von Jesus wie ein grelles Licht:»Das alles aber ist der Anfang der Wehen« (Mt 24,8). Wehen tun weh, aber sie zeigen an: Neues Leben wird geboren. Diese Welt liegt nicht in den Todeszuckungen, sondern in den Geburtswehen für Gottes Neuschöpfung. Nicht der chaotische Weltuntergang in Schrecken und Zerbrechen ist Gottes Ziel. Er will Heil schaffen. Sein Heiland Jesus Christus wird wiederkommen und Gottes Heilsplan vollenden. Das glauben wir als Christen. Das bezeugen wir als Nachfolger von Jesus. Christen sind Optimisten, erwarten das Schönste und Beste. Alle Menschen, die Jesus vertrauen, haben ewige Zukunft.

Kurz zusammengefasst

1) Die Welt wird nicht immer besser. Schrecken breiten sich weltweit aus.

2) Der Kampf und Hass gegen Israel wird stärker, aber letztlich scheitert der Satan endgültig.

3) Schrecken, Chaos und Katastrophen sind nicht das Ende, sondern Geburtswehen von Gottes neuer Schöpfung.

Zum vertiefenden Gespräch

1) Welche Ängste bestimmen die Menschen heute?

2) Was heißt es, wenn Jesus sagt:»Das *muss* so geschehen«?

3) Was ist das Ziel des Satans?

Bibeltexte

Matthäus 24,6-8.15-21; Hesekiel 38,1-39,16; Sacharja 12,3;
14,2-5; 13,8; 2. Thessalonicher 2,4.8; Offenbarung 20,7-10

Vorschlag zur Bibelarbeit

Einleitung
Die Welt wird nicht immer besser. Die Nöte und Schrecken
nehmen zu.

1) Im Schrecken gelähmt
Jesus redet ganz nüchtern von den kommenden Schrecken und
Katastrophen. Kriege, die die ganze Erde erfassen; National-
kriege, die Völker zerreißen; ideologische Kämpfe, die alles erfassen; Hungersnöte weltweit; Erdbeben und Seuchen, die über
die Menschheit hereinbrechen. Es muss so geschehen: Gott gibt
auch dem Bösen Zeit zur Reife. Gott will außerdem, dass sich
die Menschen warnen lassen. Doch das alles lähmt sie, bringt
immer größere Angst mit sich. Wer Angst hat, ist manipulierbar, den kann der Satan in seine Gewalt bekommen. Deutlich
ist: Je mehr Macht der Satan gewinnt, desto mehr wird er zum
Zerstörer. Der Satan schafft nie Neues, er macht kaputt.

2) Von Hass verblendet
Immer mehr wird Israel als Volk und Land zum Angriffsziel.
Der Hass, zu dem der Satan weltweit anstachelt, gilt Israel, weil
es Gottes erwähltes, geliebtes Volk ist. Israelhass ist letztlich
Gotteshass. Der letzte große Krieg wird deshalb gegen Israel geführt. Gog und Magog treten gegen Israel an. Schließlich versucht der Antichrist in der Schlacht von Harmagedon, es endgültig auszulöschen. Jesus sagt diese existenzielle Not für Israel
klar an. Doch Jesus wird sein Volk retten, den Antichrist in die

Hölle werfen und den Satan binden. Er wird Heil schaffen für Israel. Das Tausendjährige Reich ist Erfüllungszeit für Israel. Für Christen gilt: Schaut auf Israel, da wird Gottes Handeln immer deutlicher.

3) In Hoffnung gestärkt

Wir Christen leben mittendrin in den wachsenden Nöten, werden davor nicht verschont. Doch Jesus ruft: Erschreckt nicht! Nicht Angstgeschrei und Wehklagen, sondern vertrauendes Gebet um Standkraft und Hilfe ist angesagt. Er wird uns hören. Mit dem Bild von den Wehen deutet Jesus das Geschehen und ruft uns hinein in eine gespannte Hoffnung. Neues wird geboren. Wir leben in dieser kaputtgehenden Welt als Hoffnungsträger. Wir erwarten die Vollendung. Christen sind wirklich Optimisten, Leute, die das Beste erwarten.

Schluss

Die Welt wird nicht immer besser, aber Gottes neue, ewige Welt kommt!

6. Die Verfolgung der christlichen Gemeinde

Die Gemeinde von Jesus Christus lebt mittendrin in den Schrecken, Katastrophen, Wirren und Ängsten der zu Ende gehenden Zeit. Sie ist dem allem nicht enthoben, lebt nicht etwa in geschützten Räumen als neutraler Beobachter. Jesus hat den Seinen nie ein Leben in irdischem Glück, äußerem Wohlstand, dauernder Gesundheit oder Sorglosigkeit und allseitiger Achtung und Anerkennung versprochen. Ganz nüchtern sprach er die Bedrängnis der Christen in der Endzeit an. Das griechische Wort hat einen breiten Bedeutungsumfang: Die Wurzel heißt »schlagen, verfolgen, in Angst und Schrecken versetzen«. Das also widerfährt Christen zunehmend.

Bedrängnis

Mit Schmähungen und üblen Verdächtigungen fängt es an. Etwa zur Zeit des Kaisers Nero, der den Christen den Brand Roms in die Schuhe schob und eine Christenverfolgung auslöste. Sie wurden verdächtigt, »Christen essen kleine Kinder«, abgeleitet von den Abendmahlsworten, »esst, … das ist mein Leib; trinkt, … das ist mein Blut«. Böswillige Verleumdungen führen ebenfalls zu brutaler Gewalt gegen Christen. In neuerer Zeit gab es einen Schauprozess gegen einen russischen Gemeindeleiter, der christliche Sommerfreizeiten für Kinder veranstaltete. Er, ein Vater von neun Kindern, wurde wegen sexuellen Missbrauchs angeklagt und auch verurteilt, obwohl jedermann wusste, dass diese Beschuldigung frei erfunden war und keinerlei Beweise vorgelegt werden konnten. Schon in einer frühen Predigt hat Jesus solche Schmähungen gegen seine Jünger erwähnt: »Selig seid

Schmähungen

ihr, wenn euch die Menschen um meinetwillen schmähen und
verfolgen und reden allerlei Übles gegen euch, wenn sie damit
lügen« (Mt 5,11).

Dazu ruft er die Seinen auf: »Aber ich sage euch, die ihr zu-
hört: Liebt eure Feinde; tut wohl denen, die euch hassen; segnet,
die euch verfluchen; bittet für die, die euch belei-

Keine Vergeltung und digen« (Lk 6,27-28). Das ist völlig wider die
Gewalt menschliche Natur, aber so leben die Christen wie
Jesus und widerstehen dem Bösen. Wie Petrus
mahnt: »Vergeltet nicht Böses mit Bösem oder Scheltwort mit
Scheltwort, sondern segnet vielmehr …« (1. Petr 3,9). Damit ist
das Verhalten des Jesusjüngers grundsätzlich festgelegt, eben
auch in der zunehmenden Verfolgung der Endzeit. Wir lernen
das an unserem Meister. So hat Jesus gelebt und gehandelt. Deshalb sagt er zu Petrus im Garten Gethsemane, als er ihn vor den
anrückenden Soldaten mit dem Schwert verteidigen wollte:
»Stecke dein Schwert an seinen Ort! Denn wer das Schwert
nimmt, der soll durchs Schwert umkommen« (Mt 26,52). So
bittet Jesus selbst noch am Kreuz: »Vater, vergib ihnen; denn
sie wissen nicht, was sie tun« (Lk 23,34). Gewalt erzeugt immer
Gegengewalt. Der Kreislauf der Gewalt wird immer stärker und
zieht immer mehr hinein ins Verderben. Die christliche Gemeinde, besonders in der Endzeit, setzt mit ihrem Denken, Reden, Handeln, Segnen und Erdulden deutliche Zeichen gegen
das anschwellende Böse. Wir sind von anderer Art. Paulus
schreibt: »Ist jemand in Christus, so ist er eine neue Kreatur;
das Alte ist vergangen, siehe, Neues ist geworden« (2. Kor
5,17). Christen verwirklichen so mitten im zerbrechenden »Alten«, in dieser gottfeindlichen Welt, das »Neue«, nämlich Gottes Gerechtigkeit und Liebe, die die Menschen sucht. In der
Neuen Welt wird sie vollendet sein. Gerade aber solch neues
Leben – »neues« meint im Griechischen betont: eine andere
Qualität, ja noch nie Dagewesenes – reizt die Bösen bis aufs
Blut und bestärkt sie in immer erbitterter werdender Feind-

schaft. Denn die Christen stellen mit ihrer Haltung das Leben und Wollen der Menschen infrage. Christliche Gemeinde lebt in deutlichem Nein zum Bösen. Diese grundsätzlich neue Art der Jesusleute fasst Jesus in ein einprägsames Bild. Er sagt zu seinen Jüngern, als er sie in die Städte und Dörfer Israels aussandte: »Siehe, ich sende euch wie Schafe mitten unter die Wölfe« (Mt 10,16). Und das gilt für die Christen zu allen Zeiten. Die Situation ist erschreckend klar. Was

Wie Schafe unter Wölfen

haben Schafe für eine Möglichkeit, unter Wölfen zu überleben? Keine! Wölfe sind Raubtiere und jagen und erlegen unerbittlich ihre schutzlose Beute. So leben wir Christen in dieser Welt?! Doch haben Schafe eine Chance, den Wölfen zu entkommen, nämlich wenn sie unter dem Schutz eines Hirten bleiben. Schafe sind sehr kluge Tiere, aber eines fehlt ihnen: Sie haben keinen Orientierungssinn.

Ohne die Leitung und Führung des Hirten verlaufen, verirren sich Schafe und gehen verloren. Gemeinde von Jesus lebt und überlebt nur dann, wo sie ganz eng bei ihrem Hirten bleibt. Gerade in der Bedrängnis und Ver-

Beim Hirten bleiben

folgung der Endzeit. Da gewinnt Davids Psalm 23 einen ganz neuen Klang: »Und wenn ich auch wanderte im finstern Tal, fürchte ich kein Unglück; denn du bist bei mir, dein Stecken und Stab trösten mich« (Ps 23,4). Beim Hirten bleiben, das ist die tägliche, persönliche Verbindung mit Jesus Christus. Ein Christ ist nicht dadurch gekennzeichnet, dass er theologische Lehrsätze bejaht, Dogmen folgt und die Bibel für wahr hält. Christen sind in erster Linie Menschen, die in einer engen Vertrauens- und Liebesgemeinschaft mit dem auferstandenen Christus verbunden sind. Diese Gemeinschaft drückt sich aus im kindlich vertrauenden Beten; im suchenden, erwartenden Hinhören auf die Stimme von Jesus in seinem Wort, der Bibel; im Mitleben in der christlichen Gemeinde, dem Leib von Jesus Christus auf dieser Erde. Sie lebt auch im Bekenntnis von Sünde und im Annehmen der verheißenen Vergebung (1. Joh 1,8-9), erfahrbar zugesprochen etwa beim Abendmahl. Ein Namenschristentum, wie es der auferstandene Christus für die Gemeinde in Sardes feststellt, trägt nicht. »Du hast den Namen, dass du lebst, und bist tot« (Offb 3,1). Wie Jesus im Gleichnis vom vierfachen Ackerfeld sagt: »Bei dem aber auf felsigen Boden gesät ist, das ist, der das Wort hört und es gleich mit Freuden aufnimmt, aber er hat keine Wurzel in sich, sondern er ist wetterwendisch; wenn sich Bedrängnis oder Verfolgung erhebt um des Wortes willen, so fällt er gleich ab« (Mt 13,20-21). Nur wer mit Jesus lebt, wer für ihn brennt, wird in der Endzeit standhalten.

Die christliche Gemeinde wird immer mehr in Drangsal und Not kommen – Christen werden zu Außenseitern. »Sie werden euch … preisgeben« (Mt 24,9), sagt Jesus, hinaus-
Preisgegeben   stoßen aus der Gemeinschaft, ja der Verhaftung und der Verurteilung durch Behörden und Gerichte überantworten. Die Christen in ihrer anderen Art sind nicht nur argwöhnisch beobachtete Außenseiter, werden nicht nur isoliert, sondern auch mit aller Härte verfolgt, angeklagt, verurteilt und somit als schädlich für die Gesellschaft gebrandmarkt. »Sie werden euch den Gerichten überantworten, und in den Synagogen werdet ihr gegeißelt werden« (Mk 13,9), verdeutlicht Jesus. Für »Gerichte« steht hier das griechische Wort für den Sanhedrin, die Bezeichnung für das oberste jüdische Gericht; daneben gab es Gerichte in den einzelnen Synagogengemeinden. Schon bald nach Tod und Auferstehung von Jesus hat das begonnen. Petrus und Johannes wurden vor den Sanhedrin in Jerusalem gestellt und hart angeklagt, weil sie Jesus als den Messias Gottes verkündigten (Apg 4). Später wurden alle Apostel ins Gefängnis geworfen und angeklagt; schließlich wurde ihnen verboten, von Jesus zu reden (Apg 5). Die Führer der Juden setzten zur Abschreckung auch Gewalt ein; »sie ließen (die Apostel) geißeln und geboten ihnen, sie sollten nicht mehr

im Namen Jesu reden« (Apg 5,40). Stephanus, Jakobus und
viele andere wurden umgebracht.
»Vor Statthalter und Könige werdet ihr geführt werden« (Mk
13,9), vor höchster Stelle müssen sich die Zeugen von Jesus ver-
antworten. Etwa 30 Jahre nach dem Tod von Jesus
muss sich der Apostel Paulus vor dem römischen   Angeklagt von den
Statthalter Felix und dessen Nachfolger Festus ver-   Mächtigen
antworten, weil er als Aufrührer angeklagt wurde,
und vor dem jüdischen König Agrippa verlangt die aufgehetzte
Menschenmenge seinen Tod (vgl. Apg 24,1 ff; 25,13 ff). Ihm
wird schließlich in Rom der Prozess gemacht und er ist dort
wahrscheinlich den Märtyrertod gestorben. Zu allen Zeiten
mussten Christen sich vor den höchsten Machthabern verant-
worten. So auch der Mönch Martin Luther vor dem Kaiser und
allen Reichsfürsten auf dem Reichstag in Worms. Und es geschieht bis heute, zum Beispiel in Nordkorea, aber auch in vielen arabischen Ländern. Oft sind die Urteile schon vorher ge-
fällt; harte Gefängnisstrafen und sogar Todesurteile werden
ausgesprochen. Luther wurde damals für vogelfrei erklärt. Jeder
durfte ihn ungestraft als Verräter und Aufrührer töten, mit Bil-
ligung der höchsten staatlichen Machthaber.

Gerade für solche zugespitzten, lebensbedrohlichen Situatio-
nen gibt Jesus seinen Leuten eine besondere Zusage und Verheißung:»Wenn sie euch hinführen und überant-
worten werden, so sorgt euch nicht vorher, was ihr   Der Beistand des
reden sollt; sondern was euch in jener Stunde ge-   Heiligen Geistes
geben wird, das redet. Denn ihr seid's nicht, die da
reden, sondern der Heilige Geist« (Mk 13,11). Jesus lässt die
Seinen nicht im Stich, sondern gerade in Stunden der öffentlichen Anklage gibt er ihnen besondere Geistes-Gegenwart, die
Vollmacht durch seinen Geist. Bischof K. R. Singh von der
südindischen Nethanja-Kirche berichtet von solch einem geist-
geprägten Verhör. Der oberste Anführer einer Rebellengruppe,
die gegen die Regierung in Indien kämpft, hatte ihn gefangen

nehmen lassen. Nun stand er vor ihm. »Hör auf, von diesem Gott Jesus zu predigen. Wer an ihn glaubt, der kämpft nicht mehr«, forderte der Terroristengeneral. Er hatte den wesentlichen Punkt durchaus zutreffend erkannt. Jesusleute lehnen jede Gewalt ab, und deswegen bekamen die Terroristen zunehmend Schwierigkeiten, neue Kämpfer zu gewinnen. »Ich kann dich auf der Stelle erschießen«, drohte er Bischof Singh mit vorgehaltener Maschinenpistole. Der antwortete ihm, vom Geist Gottes eingegeben: »Ja, du kannst mich erschießen, aber ich habe eine Waffe, die ist stärker als deine Pistole. Und ich setze sie erst nach deinem Schuss ein.« Auf die verblüffte Frage des Terroristen, was das für eine Waffe sei, gab er zur Antwort: »Meine Waffe ist mein Leben. Wenn du mich umbringst, werden viele Menschen sagen: Dieser Gott Jesus hat Macht, wenn Bischof Singh sogar bereit ist, für ihn zu sterben. Und dann werden Tausende Christen werden.« Der Terroristenführer ließ ihn schließlich unter vielen Drohungen gehen. So sorgt Jesus für seine Zeugen und steht ihnen bei. Aber eben »in jener Stunde«, nicht vorab, sondern dann, wenn die Christen es wirklich brauchen. Bekennermut und Geistesvollmacht gibt es nicht auf Vorrat; sie fließen aus der ständigen Verbindung und Abhängigkeit mit und von Jesus. Wie ein Schaf, das in der Nähe des Hirten bleibt, von ihm geleitet und geschützt wird. Es gilt: Eben in den gefährlichsten Strecken und größten Nöten erfahren vertrauende Christen die engste Nähe und Hilfe von Jesus Christus. Das ist die weltweit zunehmende Erfahrung der bedrängten Gemeinde.

»Ihr werdet gehasst werden um meines Namens willen von allen Völkern« (Mt 24,9), sagt Jesus seiner Gemeinde weiter voraus. Die griechische Wortwurzel meint, »jemand wegschicken, nicht wollen«. Hass ist ein Gefühl, das aber im Willen verankert ist. Dem Hass liegt also eine willentliche Entscheidung zugrunde. Als Jesus vor Pilatus stand, fand der keine Schuld an ihm und wollte ihn frei-

Der Hass der Welt

lassen. So fragte er: »Welchen wollt ihr? Wen soll ich euch los-
geben, … Barabbas oder Jesus, von dem gesagt wird, er sei der
Christus?« Da rief das Volk: »Barabbas!« und forderte für Jesus
die Kreuzigung (Mt 27,17-21). Das war eine bewusste Entscheidung gegen Jesus, die sich in wilden Hass steigerte. So trifft
der Hass der Menschen die Christen »um Jesu willen«, weil sie
an ihn glauben und ihm vertrauen. Jesus sagt es deutlich: Hass
gegen die Christen ist im Tiefsten Jesushass, Gotteshass. Solcher
Hass, gerade weil er ein starkes Gefühl ist, kann leicht angeheizt
werden und schlägt dann in offene Feindschaft und brutale Gewalt um. Das geschieht bis heute, ja gerade heute. Am 9. März
2013 stürmten mehr als 3 000 moslemische Fanatiker in La-
hore/Pakistan den christlichen Stadtteil Joseph Colony, zünde-
ten Häuser und zwei Kirchen an und richteten überall Verwüstung an. Anlass für diesen Gewalt- und Hassausbruch war die
unbewiesene Behauptung des moslemischen Friseurs Shahid
Imran, der Christ Sawan Masih habe über den Propheten Mohammed gelästert. Das genügte, um so viele aufzuhetzen (Stutt-
garter Zeitung vom 11.03.2013). Zahllose solcher Berichte,
besonders aus Ländern Afrikas und Asiens, zeigen den anwachsenden Hass gegen die Christen. Die Christen sind heute weltweit die am meisten gehasste und verfolgte Religionsgruppe.
Noch einmal: Solcher Hass trifft die Christen nur deshalb, weil
sie Christen sind. Es ist der Hass auf Gott, der da zum Ausbruch
kommt. Er wurzelt im Letzten in der bewussten Entscheidung,
die Adam im Paradies getroffen hat. Er hat sich willentlich von
Gott losgesagt und beschlossen, sein Leben ohne Gott, in eigener Verantwortung zu gestalten. Und Jesus klagt über die ableh-
nende Entscheidung Israels: »Wie oft habe ich dich versammeln
wollen, wie eine Henne ihre Küken versammelt unter ihre Flü-
gel; und ihr habt nicht gewollt« (Mt 23,37).

Diese Bedrohung von außen wirkt zerstörisch in der christlichen Gemeinde. »Dann werden viele abfallen«, wörtlich im
Griechischen: »in eine Falle gehen, in einer Falle gefangen wer-

den«. Aus Hass, Verfolgung und Schmähungen bietet der Satan einen Ausweg an. Eben weil das alles aufgrund von Jesus geschieht, ist der leichte Weg der, Jesus abzusagen.

Abfallen   Wie Hiobs Frau ihrem gepeinigten Mann rät: »Sage Gott ab!« (Hiob 2,9). Vielleicht wäre seine Not tatsächlich zu Ende gewesen, denn all das Unglück war ja nur über ihn gekommen, weil der Satan seinen Glauben und sein Gottvertrauen auf die Probe stellen wollte. Sage dich von Jesus los. In Indien stellen fanatische Hindus immer wieder Christen vor diese Alternative: Jesus oder Martyrium. So auch den Evangelisten John Paul der Nethanja-Kirche in Andhra-Pradesh. Er bekannte sich daraufhin klar zu Jesus und wurde auf grausame Weise getötet. Die Nethanja-Kirche hat in ihrer bald dreißigjährigen Geschichte mehr als 50 Märtyrer aufzuweisen. Denn sich von Jesus lossagen, abfallen, das ist eine Falle. Wer Jesus absagt, kommt in die Gefangenschaft des Bösen, des Satans. Äußerlich mag sich die Situation verbessern, Verfolgung und Bedrohung hören auf; aber Unfriede, Zerrissenheit und zerstörende Sünden sind die Folgen. Jesus sagt es ganz nüchtern voraus: Viele werden in diese Falle gehen, werden sich vom Glauben an Jesus lossagen. Oft geschieht das sogar mit christlicher Verbrämung. Man gibt sich noch durchaus christlich, aber der Kern des Evangeliums wird aufgegeben. Jesus mag weiterhin als Vorbild, als guter Mensch angesehen werden, aber nicht mehr als der Sohn Gottes, der einzige Erlöser, der am Kreuz alle Sünden vergibt und mit Gott versöhnt. So wird, als progressive, wissenschaftliche Theologie getarnt, »Abfall« sogar in unseren Kirchen gepredigt: Ein Christentum ohne Christus als Herr, eine Religion unter vielen, ein Glaube, der in falsch verstandener Toleranz alles Mögliche gleichzeitig gelten lässt.

Die christliche Gemeinde kommt in der Letztzeit immer mehr in die Zerreißprobe. »Ihr werdet aber verraten werden von Eltern, Brüdern, Verwandten und Freunden« (Lk 21,16), stellt Jesus fest. Ja, »es wird ein Bruder den andern dem Tod preisgeben und der Vater den Sohn; und die Kinder werden sich empören gegen die Eltern und werden sie töten helfen« (Mk 13,12). Die Gemeinschaft unter den Christen wird immer mehr zerbrechen, bis hinein in die engste Familie. Unter dem Druck der staatlichen Behörden kommt es zum Verrat untereinander. In der Sowjetunion war das in den Gemeinden oft der Fall. In Gottesdiensten und anderen Treffen der Christen waren oft christlich getarnte Spitzel, die dem berüchtigten Sicherheitsdienst KGB berichteten und viele Christen ans Messer lieferten. Heute geschieht das allzu oft in islamischen Staaten. Eltern sagen sich los von ihren Kindern, die Christen geworden sind, zeigen sie sogar an und es kommt zu Verurteilungen bis hin zu Todesurteilen. Auch in Indien geschieht das. Oft verstoßen Hindufamilien Mitglieder, die Christen geworden sind, und bedrohen sie mit Gewalt bis hin zum Mord. In der Letztzeit des Antichristen, wenn er absolute und alleinige Anbetung fordern wird, wird solcher Verrat zunehmen. Der Gipfel wird sein, dass alle, die das Bild des Tieres nicht anbeten, getötet werden (Offb 13,15).

Untereinander verraten

Ferner sagt Jesus, dass »die Ungerechtigkeit überhandnehmen wird« (Mt 24,12). Das griechische Wort für Ungerechtigkeit heißt eigentlich Gesetzlosigkeit. Gott hat zur Zeit des Alten Testaments seine guten Gebote gegeben und Jesus hat sie wiederholt und vertieft. Die Gebote sollen Leben ermöglichen. Sie sind keine Zwangsjacken, sondern eröffnen eine Freiheit zum Miteinanderleben. Die Menschen werden sich immer mehr von diesen göttlichen Leitlinien abkehren. Dies findet dann seinen Höhepunkt in der Person des Antichristen, den Paulus »den Mensch der Gesetzlosigkeit« nennt, »der sich erhebt über alles, was Gott heißt« (2. Thess 2,3-4; Elb). Er wird seine Gesetze gegen Gottes Gesetze verkünden und so die Menschen verführen. Auch in der christlichen Gemeinde breitet sich solche Ge-

Wachsende Ungerechtigkeit

setzlosigkeit heute aus. Weniger als offener Widerspruch, sondern etwa unter dem Stichwort »Freiheit« werden viele biblische Gebote und Leitlinien als überholt erklärt. Petrus warnt vor solcher Freiheit, so wird »Freiheit zum Deckmantel der Bosheit« (1. Petr 2,16). In solcher Freiheit ohne Gott wird dann etwa eine Abtreibung zum persönlichen Recht der Frau. »Mein Bauch gehört mir!« Das war eine Parole in der Abtreibungsdebatte der 70er-Jahre des vorigen Jahrhunderts. Diese Gesetzlosigkeit führt auf gefährliche Bahnen. Die Wurzel des griechischen Wortes für Gesetz meint eigentlich »guter Weideplatz«, auf den der Hirte seine Schafe bringt. Gesetzlosigkeit ist also gefährlicher, giftiger Weideplatz, auf dem die Schafe zugrunde gehen. Jedes Jahr werden in der Bundesrepublik Deutschland mehr als 110 000 Kinder abgetrieben, die meisten unter Berufung auf die persönliche Entscheidungsfreiheit. Die verderblichen Folgen werden immer deutlicher. Die Sozialsysteme geraten ins Wanken, weil zu wenig junge Menschen da sind. Die Renten werden immer niedriger, weil der Generationenvertrag nicht mehr funktioniert. Die Wirtschaft kommt in die Krise, weil Auszubildende und Facharbeiter Mangelware werden. Wir sind letztlich eine Gesellschaft, die sich selbst abschafft. Ganz zu schweigen von der Schuld, die wir auf uns laden. Allein an diesem einen, aber grundlegenden Beispiel der Abtreibung kann man sehen, wie zerstörend solche selbst gesuchten Weideplätze sind.

Das zweite Schlagwort, mit dem Gottes gute Gebote aufgeweicht, ja für ungültig erklärt werden, heißt Liebe. »Die Liebe (wird) in vielen erkalten« (Mt 24,12). Nach dem Zeugnis der Bibel ist Liebe *(agape)* viel mehr als ein Gefühl. Sie ist ein Tun. Wie der Hass wurzelt auch die Liebe in einem Willensentschluss, in einer Entscheidung: Ich will ganz für dich da sein, ich gebe mich für dich, ich öffne mich ganz dir, ich sorge mit allem, was ich habe, für dich. Paulus beschreibt solche Liebe in seiner Wei-

Die Liebe erkaltet –
und wird
eigensüchtig

sung an Ehemänner: »Ihr Männer, liebt eure Frauen, wie auch Christus die Gemeinde geliebt hat und hat sich selbst für sie dahingegeben« (Eph 5,25). Er spricht damit Jesus nach, der sagt: »Niemand hat größere Liebe als die, dass er sein Leben lässt für seine Freunde« (Joh 15,13). Diese Liebe wird auch im Halten der Gebote sichtbar: Ich will den Willen des geliebten Gottes tun. Jesus sagt deshalb: »Liebt ihr mich, so werdet ihr meine Gebote halten« (Joh 14,15).

Liebe, die sich lossagt von Jesus, von seinen Geboten, wird zur Verderben bringenden Parole, zur selbstsüchtigen Liebe, die dem anderen gerade nicht hilft, sondern ihm und mir selbst schadet. »Wir lieben uns nicht mehr, darum trennen wir uns.« In Deutschland wird fast jede dritte Ehe wieder geschieden. Das bringt tiefe Verwundungen in die Seelen der Menschen. Unzählige »Scheidungskinder« werden dadurch liebesunfähig, können keine wirkliche Liebe weitergeben, weil sie sie auch selbst nicht erhalten haben. Falsche Liebe, Liebe nur als Gefühl, verdeckte Eigenliebe führt auf gefährliches Gebiet, auf giftige Weideplätze. Was wird heute nicht alles unter diesem Verständnis der Liebe propagiert: »Was wir aus Liebe tun, kann nicht falsch sein.« Gleichgeschlechtliche Ehen, Zusammenleben, ohne dem anderen die Sicherheit einer gesetzlich geregelten Grundlage zu geben, ausgefallene sexuelle Praktiken, bis hin zur Päderastie – alles das wird im Namen der Liebe gerechtfertigt, zunehmend auch von christlichen Kirchen. Jesus warnt dagegen deutlich vor der erkaltenden Liebe. Wirkliche Liebe brennt, entzündet durch Jesus, der in seinem Heiligen Geist gegenwärtig ist. Wo ich weggehe von Jesus, da wird die Liebe kalt, eigensüchtig. Solche Liebe verschließt sich dem anderen. Johannes macht diese kalte Liebe an einem Beispiel deutlich: »Wenn jemand dieser Welt Güter hat und sieht seinen Bruder darben und schließt sein Herz vor ihm zu, wie bleibt dann die Liebe Gottes in ihm?« (1. Joh 3,17). Gerade Besitz und Reichtum töten oft die Liebe ab und machen kalt und eigensüchtig. Das ist die besondere

Versuchung in unserer reichen westlichen Gesellschaft. Liebe, die nicht teilt, nicht hingibt, zerstört alle Gemeinschaft.

In diesen so schmerzlichen, erschreckenden Voraussagen von Jesus liegen auch Trost und Hoffnung verborgen. In Matthäus 24,1-12 spricht Jesus sechsmal von »vielen«. Eben

Die vielen – die wenigen nicht von allen. Es wird wenige geben, die in der Endzeit treu bei Jesus bleiben. Das Wort aus der Bergpredigt reißt diesen Horizont schon auf: »Geht hinein durch die enge Pforte. Denn die Pforte ist weit und der Weg ist breit, der zur Verdammung führt, und viele sind's, die auf ihm hineingehen. Wie eng ist die Pforte und wie schmal der Weg, der zum Leben führt, und wenige sind's, die ihn finden« (Mt 7,13-14). »Wenige«, das ist zunächst eine Mengenangabe, aber darüber hinaus kann es auch eine Qualität beschreiben: Das sind die Schwachen, die Kraftlosen, die Unbedeutenden, die Abhängigen, eben solche, die ohne den Hirten verloren sind. Es sind die, denen Jesus in einer Seligpreisung das Himmelreich zuspricht: »Selig, die arm sind vor Gott; denn ihnen gehört das Himmelreich« (Mt 5,3). Ebenso kann man auch die »vielen« neben einer Mengenangabe qualitätsmäßig verstehen: Die Mächtigen, Starken, Einflussreichen und Angesehenen. Menschen, die etwas darstellen und hermachen. Allzu oft lehnen gerade solche Jesus ab, sie wollen ihn nicht, sie brauchen ihn nicht. Sie sind von sich selbst überzeugt und verlassen sich auf sich selbst. Die »wenigen«, die Hilf- und Kraftlosen, sucht Jesus, die, die wirklich seine Rettung brauchen und wollen. Nicht mein großer Glaube etwa, meine Kraft zum Kämpfen und Widerstehen, auch nicht meine Weisheit oder mein Mut bringen mich durch in den Anfechtungen und Schrecken der Endzeit, sondern allein, dass ich mich an Jesus klammere: »Wer beharrt bis ans Ende« (Mt 24,13), wer auf Jesus und seine Hilfe wartet, wer sich an ihm festhält, den bringt er durch.

»Viele« und »wenige« sind natürlich zunächst Mengenangaben. Ganz nüchtern stellt Jesus fest: Es sind wenige, die ihm wirklich folgen. Wir haben nicht die Verheißung, dass alle Menschen Christen werden, wohl aber den bleibenden Auftrag, dass alle das Evangelium hören sollen. Jesus sagt nämlich:»Es wird gepredigt werden dies Evangelium … in der ganzen Welt zum Zeugnis für alle Völker, und dann wird das Ende kommen« (Mt 24,14). Erst wer die Botschaft von der Rettung gehört hat, kann sich entscheiden.

Die kleine Zahl mit großem Auftrag

Den »wenigen«, denen, die alles von ihm erwarten, gibt Jesus in den Wehen der Endzeit die besondere Zusage:»Kein Haar von eurem Haupt soll verloren gehen« (Lk 21,18). »Verloren gehen« bedeutet auch »zugrunde gehen«, das Gegenteil ist:»ganz bleiben, unversehrt sein, heil sein.«

Kein Haar soll verloren gehen

Das ist eine überwältigende Zusage: Nicht das Geringste wird von Jesus übersehen! Er umgibt uns mit völliger Fürsorge. Das heißt nicht, dass wir nicht auch Zerbruch erfahren können. Ein Jünger von Jesus ist und bleibt Angegriffener und wird bis aufs Blut verfolgt werden. Aber eben in alledem geschieht der Heilswille von Jesus mit uns und an uns. Ohne seinen Willen geschieht euch nichts. So bezeugt es auch Paulus:»Gott ist treu, der euch nicht versuchen lässt über eure Kraft, sondern macht, dass die Versuchung so ein Ende nimmt, dass ihr's ertragen könnt« (1. Kor 10,13). Wie auch David singt:»Gott legt uns eine Last auf, aber er hilft uns auch« (Ps 68,20).

Darum ist die letzte Mahnung von Jesus an seine verfolgte Gemeinde nicht ein Appell an unsere Kraft, sondern die Einladung, ganz bei ihm zu bleiben:»Seid standhaft und ihr werdet euer Leben gewinnen« (Lk 21,19).

Das Leben gewinnen

Standhaft sein, das heißt ganz nah bei Jesus stehen, alles von ihm erwarten und von ihm annehmen. Das Leben gewinnen: Mit dem, der sagt:»Ich bin das Leben« in Ewigkeit vollendet und vereint zu sein. Das ist unsere gewisse, tragende Hoffnung, durch die Schrecken der Endzeit hindurch.

Kurz zusammengefasst

1) Die christliche Gemeinde kommt in der Endzeit in schwere Verfolgung, bis hin zum Martyrium.
2) Der Abfall vom Glauben nimmt zu und Verrat geschieht sogar innerhalb der Gemeinde.
3) Gemeinde lebt in der Welt wie Schafe unter den Wölfen, aber vom Hirten Jesus behütet.

Zum vertiefenden Gespräch

1) Wir informieren uns: Wo wird heute die christliche Gemeinde besonders verfolgt?
2) Dürfen sich Christen gegen Verfolgung zur Wehr setzen?
3) Woran wird heute die erkaltende Liebe in Gemeinde und Gesellschaft deutlich?

Bibeltexte

Matthäus 7,13-14; 10,16-22; 13,3-9.18-23; 24,9-19; Markus 13,9-13; Lukas 6,27-28; 21,18-19; 2. Thessalonicher 2,3-4

Vorschlag zur Bibelarbeit

Einleitung
Wie Schafe unter Wölfen, so lebt die christliche Gemeinde in der Welt

1) Verfolgt von der Welt
Die christliche Gemeinde lebt mitten in den zunehmenden Nöten und Schrecken. Jesus sagt Bedrängnis voraus. Es kommt zu

harter Verfolgung zum Beispiel durch staatliche Behörden. Christen werden geschmäht, angeklagt, verurteilt, sogar zum Tode. Sie werden geächtet und aus der Gesellschaft ausgestoßen. Das alles wegen Jesus, eben weil sie Christen sind. Das geschieht heute schon in vielen Ländern. Christen sind die am meisten verfolgte Gruppe auf dieser Erde. Doch sie wehren sich nicht mit Gewalt. Sie leben wie Jesus, lieben ihre Feinde. Jesus hat den Seinen nie ein Leben in Glück, Frieden und Ehre versprochen. Die Gemeinde geht immer mehr den Weg von Jesus: Hinein ins Leiden.

2) Verraten von den Nächsten

In Bedrängnis bewährt sich der Glaube, wird echt. Doch werden viele abfallen. Wie im Gleichnis vom vierfachen Ackerfeld, wo von den Felsenboden-Gläubigen die Rede ist (Mt 13,3-9.18-23): Wenn Verfolgung kommt, sagen sie sich von Jesus los. Sie liefern sogar ihre Glaubensgeschwister an die Verfolger aus. Selbst die engsten Verwandten beteiligen sich an dieser Preisgabe. Die Liebe erkaltet. Kalte Eigensucht herrscht immer mehr, bis hinein in die engsten Beziehungen. Die Liebe zu Jesus erlischt und damit wird das gottlose Leben, ohne, ja gegen Gottes Gebote normal. Das ist der Weg der vielen. Die »vielen« kann man auch verstehen als Menschen mit Einfluss und Macht, die von sich selbst überzeugt sind und Jesus nicht brauchen. Die »wenigen«, das sind die »geistlich Armen«, die alles Vertrauen auf Jesus setzen.

3) Gehalten vom Herrn

Jesus spricht seiner Gemeinde in dieser weltweiten Bedrängnis und Verfolgung seine besondere Fürsorge zu. Kein Haar wird ohne den Willen Gottes versehrt werden. Gott lässt nicht mehr zu, als wir tragen können. In Angriffen und Verhören wird sein Heiliger Geist uns besondere Kraft und Weisheit geben. Solche Bedrängnis will uns in Furcht versetzen. Die verfolgte Gemeinde heute, etwa in Indien, kann uns Mut machendes Vorbild sein. Sie bitten nicht, dass die Not aufhört, sie bitten um Fürbitte, dass sie standhaft bleiben. Verfolgte Christen sind im Glauben gehalten durch ihren Herrn

Schluss

Welche Chance haben Schafe unter Wölfen? Nur die, dass sie eng beim Hirten bleiben, der sie schützt und durchbringt.

7. Israels Weg zur Errettung

Die Endzeitrede von Jesus ist Rede und Antworten an die Jünger. Sie ist Wegweisung für die christliche Gemeinde bis zu seiner Wiederkunft. Ebenso ist sie ganz eng mit Israel verwoben. Die Jünger, zu denen Jesus hier spricht, Nicht ohne Israel sind Juden. Jesus selbst ist Jude. Auftakt der Endzeitrede ist die Ansage der kommenden Zerstörung des Tempels in Jerusalem. Jesus hält diese Predigt auf dem Ölberg mit Blick auf Jerusalem. Diese Nähe ist zunächst äußerlich; jedoch ist Israel für Jesus ein nicht wegzudenkendes Thema. Mit der Erwählung Abrahams hat Gott seine Rettungs- und Heilsgeschichte für die sterbende Welt und Menschheit begonnen. Mit Abrahams leiblichen Nachkommen, Isaak, Jakob und dann dem Volk Israel, hat er seinen Plan weitergeführt. Das Alte Testament ist die Darstellung der Geschichte Gottes mit seinem erwählten Volk. Von Anfang an steht am Horizont, dass Gottes Heil weltweit geschehen wird. Gott beruft Abraham mit der Zusage:»In dir sollen gesegnet werden alle Geschlechter auf Erden« (1. Mose 12,3), das heißt, alle Generationen und alle Völker.

Die erste christliche Gemeinde entstand in Jerusalem; sie hatte zuerst fast nur jüdische Mitglieder. Paulus, selbst Jude, fasst die untrennbare Verbindung von Israel und der christlichen Gemeinde in das Bild eines Baumes, an dem Wurzel, Stamm und Zweige wesenhaft zusammengehören (vgl. Röm 11,17-24). Wir Der Stamm und die Zweige Heidenchristen sind eingepfropfte Zweige am edlen Ölbaum Israel. Christliche Gemeinde, die sich von Israel lossagt – und das gilt auch gerade heute – gräbt sich selbst das Wasser ab, das von den Wurzeln durch den Stamm in die Äste fließt. Sie wird unfruchtbar und verdorrt, trotz aller theologischen Theorien, die Israel nur Bedeutung zumessen, bevor Jesus kam.

Jesus wird als Jude in Israel geboren. Damit beginnt die Endzeit, die Vollendungszeit im Rettungsplan Gottes. Es gibt keine Heilsvollendung ohne Israel. Jesus selbst sagt: »Ich bin nur gesandt zu den verlorenen Schafen des Hauses Israel« (Mt 15,24). Israel soll als Erstes von der Erlösung hören, teilhaben und mitarbeiten an der Vollendung des Heils. Israel und sein Messias, das ist das Segensgespann für die Welt. Doch Israel versagt seinem Messias die Anerkennung. Sie lehnen seinen Ruf zur Rettung mehrheitlich ab. Als seine Jünger aus dem Garten Gethsemane fliehen, ist er ganz allein. Sie haben den Glauben an ihn, die Hoffnung, das Vertrauen verloren. Israel will und kann den Weg, den Gott in Jesus zur Rettung geht, nicht mitgehen. Ein Gott, der leidet; ein Gott, der seine Macht nicht mit strafender Gewalt einsetzt; ein Gott, der Sünder sucht; ein Gott, der stirbt – das ist für die frommen Juden ein Skandal. Sie erwarten einen königlichen Messias in Macht und Herrlichkeit, der die Römer aus dem Land jagt, der siegreich kämpft wie damals König David und das Königreich Israel in alter Größe und Macht wiederherstellt. Ein Jesus, der als Laienrabbi durchaus Bedenkenswertes lehrt, der den Menschen in ihren Nöten hilft und neue Hoffnung gibt, das hätten sie noch geduldet. Aber einen Jesus, der ihre Frömmigkeit der Gesetzeserfüllung als Weg zur Gerechtigkeit radikal verneint; einen, der behauptet, dass es Gerechtigkeit nur durch Glauben an ihn gibt; einen, der für sich in Anspruch nimmt, Gottes Sohn zu sein – den lehnen sie entschieden ab, den liefern sie an die Römer aus zur Kreuzigung. Sie erklären ihn zum Gotteslästerer, der unbedingt den Tod verdient hat. Was die Anführer der Juden unter dem Kreuz sagen, enthüllt ihre fehlgeleiteten Erwartungen ganz deutlich: »Ist er der König von Israel, so steige er nun vom Kreuz herab. Dann wollen wir

Israel lehnt Jesus ab

an ihn glauben« (Mt 27,42). Sie wollen ihn provozieren, ihre
Erwartungen vom siegreichen Herrscher zu erfüllen.
Dieses Nein zu Jesus bringt das Gericht über Israel. Deshalb
beginnt Jesus die Endzeitrede mit der Ansage der Zerstörung
des Tempels. Dann wird ja nicht nur ein pracht-
volles Gebäude zerstört, sondern das Haus Jahwes,   Zerstörung des
des Gottes Israels, wird völlig in Schutt und Asche   Tempels
gelegt. Ein unübersehbares Zeichen, dass die gnädige Gegenwart Gottes in seinem Volk zu Ende ist. Israel geht
ins Gericht. Für fast 2 000 Jahre wird das Volk zerstreut unter
alle Völker der Erde und erleidet schreckliche Verfolgungen bis
hin zum sechsmillionenfachen Mord an Juden im Holocaust in
Deutschland unter Hitler. Mit dem Tempel verliert Israel das
Zentrum seiner Frömmigkeit und seines Glaubens. Denn nur
am Tempel, dem Wohnsitz Gottes, konnten die Opfer darge-
bracht werden, in denen Gott dem bußfertigen Sünder Vergebung zusprach. Kein Tempel, keine Gegenwart Gottes, keine
Vergebung der Sünden und damit keine Hoffnung mehr auf
Erlösung. Heil-loses, hoffnungsloses Israel ohne, weil gegen seinen Messias.

Dieses Gericht ist aber keine endgültige Verwerfung. Paulus
stellt ganz klar: »Hat denn Gott sein Volk verstoßen? Das sei
ferne« (Röm 11,1)! Er hat sein Volk nicht versto-
ßen, aber beiseitegestellt. Paulus erklärt: »Versto-   Israel im Abseits
ckung ist einem Teil Israels widerfahren, so lange
bis die Fülle der Heiden zum Heil gelangt ist; und so wird ganz
Israel gerettet werden« (Röm 11,25-26). Jesus sagt es so: »Ich
habe noch andere Schafe, die sind nicht aus diesem Stall; auch
sie muss ich herführen, und sie werden meine Stimme hören«
(Joh 10,16). Auch er hat die Rettung Israels fest im Blick, wenn
er betont hinzufügt: »Und es wird *eine* Herde und *ein* Hirte
werden« (V. 16). Die Gemeinde und Israel vereint mit und unter dem Hirten Jesus Christus. Israels Verstockung – sie wollten

Jesus nicht hören, jetzt können sie nicht mehr hören – und
Gottes Gericht über sein Volk wird zur Gnadenzeit für alle Völker der Erde. Mit diesem Gericht beginnt Jesus seine Endzeitrede. Mit all ihrem Schrecken und Bösen ist die Endzeit »Zeit
der Gnade« für die Völker. Noch einmal Paulus: »Durch ihren
(Israels) Fall ist den Heiden das Heil widerfahren« (Röm 11,11).

Eine gewisse Hoffnung, dass der Messias zum Heil für Israel
kommen wird, steht hinter der Frage der Jünger: »Was wird das
Zeichen sein für dein Kommen und das Ende der
Welt?« (Mt 24,3). Die Jünger erkennen Jesus als
den Messias an, das wird hier sehr deutlich. Und
sie kennen die prophetischen Verheißungen für die
Erlösung Israels nach der Gerichtszeit. Wie etwa Jesaja ankündigt, wenn er den Spross sieht, der aus dem Stamm Isais hervor-
gehen wird (Jes 11,1), den Messias. Dann wird Gott durch ihn
»ein Zeichen aufrichten unter den Völkern und zusammenbringen die Verjagten Israels und die Zerstreuten Judas sammeln
von den vier Enden der Erde« (Jes 11,12). Das Gericht, die Zer-
streuung Israels, ist nicht das Letzte. Der Tempel wird zwar zerstört, aber der Messias Jesus wird wiederkommen und Israel
endgültig erlösen. Sicher kennen die Jünger auch die Prophetie
des Sacharja. In seinem Messias wird Jahwe sich Israel wieder
zuwenden und Jerusalem und den Tempel wieder aufbauen.
»Ich will mich wieder Jerusalem zuwenden mit Barmherzigkeit
und mein Haus soll darin wieder aufgebaut werden, spricht der
Herr Zebaoth« (Sach 1,16). Und Hesekiel sieht den Tempel des
königlichen Messias in Israels Erlösungszeit und gibt seine feste
Zusage weiter: »Das ist der Ort meines Thrones und die Stätte
meiner Fußsohlen; hier will ich für immer wohnen unter den
Israeliten« (Hes 43,7). Der wiederhergestellte Tempel, in dem
der Christus regiert, das ist endgültige Hoffnung für Israel.

Das Gericht über Israel gereicht den Völkern zum Heil. So ist
die Endzeit, seitdem Jesus gekommen ist, die Zeit der Gnade für
die Heiden. In der Letztzeit, wenn Gott zur Vollendung seines

Zeichen für die Wiederkunft

Heils drängt, wird Israel vor aller Welt eine entscheidende Rolle spielen. Deshalb spricht Jesus vom Feigenbaum, ein Bild für Israel. »Wenn seine Zweige jetzt saftig werden und Blätter treiben, so wisst ihr, dass der Sommer nahe ist« (Mt 24,32). Israel ist wieder in seinem Land als Volk, der Feigenbaum treibt Blätter. Der Sommer ist Erntezeit: Weizen, Feigen, Datteln und Weintrauben werden reif. Die Weinlese ist in der Bibel oft ein Bild für Gottes abschließendes Handeln im Gericht und Rettung. In der Letztzeit tritt Israel wieder auf den Plan und wird zum Zeichen für Gottes Heilsvollendung.

Der Feigenbaum

Der Feigenbaum treibt vorerst nur Blätter. Es ist noch das blinde, zum Großteil verstockte Israel, das da im Land Israel gesammelt wird. Der heutige Staat Israel ist, wie die anderen Staaten und Völker auch, belastet und immer mehr erfasst von Gottlosigkeit, Unmoral, Korruption, Machtintrigen und Ungerechtigkeit. Etwa gegen die Palästinenser. Okkulte Praktiken werden vielfach ausgeübt. Israel kennt zwar Gott, aber das Vertrauen auf die eigene Stärke, auf die Armee und die überlegenen Waffensysteme, möglicherweise bis hin zur Atombombe, bestimmen die Politik des Landes. Die große Gruppe der streng gläubigen, orthodoxen Juden hat zwar Einfluss auf das gesellschaftliche Leben, aber die Mehrheit des Volkes geht wegen ihres Fanatismus und ihrer Intoleranz zu ihnen auf Distanz und lehnt sie ab. Bis heute ist Jesus für die orthodoxen Juden ein Gotteslästerer und keinesfalls als Messias anerkannt. Israel als Volk im Land geht schweren Zeiten entgegen. Es ist gesammelt zum Gericht und wird schlimmen Kriegen ausgesetzt sein.

Noch blind und verstockt

Diese Gerichte über Israel in der Letztzeit hat Jesus im Blick, wenn er von der Zerstörung Jerusalems und des Tempels und der Flucht des Volkes spricht (Mt 24,15 ff). Ähnliches erlebten sie durch die Römer, aber insbesondere der Ausdruck »das Gräuelbild der Verwüstung« (V. 15) weist weit über den römi-

schen Jupitertempel in Jerusalem hinaus. Daniel, den Jesus hier
bewusst aufnimmt, sieht dieses Gräuelbild in der Zeit des letzten, weltweiten Herrschers in seiner aufgipfelnden
Rebellion gegen Gott. »Seine Heere werden kommen und Heiligtum und Burg entweihen und das
tägliche Opfer abschaffen und das Gräuelbild der
Verwüstung aufstellen« (Dan 11,31). Was Daniel sah, wird klarer in dem Bild, das Johannes gezeigt wurde: Ein wohl überle-
bensgroßes Götzenbild des Weltherrschers, des Antichristen,
mit dämonischen Kräften ausgestattet, sogar mit der Fähigkeit,
Lebendigkeit zu entfalten und zu reden. Alle, die dieses Götzenbild nicht anbeten, wird er mit seiner teuflischen Macht umbringen. Ein zweites »Tier«, der Helfershelfer und Propagandaminister des ersten »Tiers«, des Antichristen, wird dafür sorgen.
»Er sagt denen, die auf Erden wohnen, dass sie ein Bild machen
sollen dem Tier … und es wurde ihm Macht gegeben, Geist zu
verleihen dem Bild des Tieres, damit das Bild des Tieres reden
und machen könne, dass alle, die das Bild des Tieres nicht an-
beteten, getötet würden« (Offb 13,14-15). Damit wird die Gotteslästerung und die Rebellion gegen Gott auf dem Höhepunkt
sein. Das dämonische Götzenbild mit übernatürlicher Kraft im
neu errichteten Tempel in Jerusalem.

Genauer geht Jesus in der Endzeitrede nicht auf den Weg
Israels ein. Er will zuerst der Gemeinde Leitlinien geben. Aber
so viel wird an den Bezügen zu Israel deutlich: Es
gibt keine Heilsvollendung ohne Israel oder an Is-
rael vorbei. Der Prophet Sacharja ist der einzige
Prophet im Alten Testament, der Israels Geschichte von der
Rückkehr aus Babel ab ca. 538 v. Chr. bis zur Wiederkunft von
Jesus sieht. Die Kriegsvoraussage beschreibt er ausführlicher als
Jesus. Das verstockte Israel wird noch einmal durch schwere
Prüfungen gehen und kurz vor der Auslöschung stehen. Doch
dann wird der wiederkommende Christus sein Volk endgültig
erlösen.

**Gräuelbild
der Verwüstung**

Israelfeindschaft

Die Zusage, dass Israel nicht endgültig verworfen ist, spricht Jesus in der Endzeitrede seinem Volk zu, wenn er verheißt: »Dieses Geschlecht wird nicht vergehen, bis dies alles geschieht« (Mt 24,34). Das ist wirklich spannend in unserer Zeit heute. Wir erleben mit, wie »dieses Geschlecht«, nämlich das Volk Israel, wieder neu in seinem Land lebt. Wie die Worte von Jesus sich wörtlich verwirklichen. Das hat auch für jeden seiner Nachfolger eine ganz persönliche Seite. Ohne diese Treue Gottes zu seinem Volk, seine Wiedererwählung, gäbe es keine Gewissheit des Heils im Glauben. Hätte Gott Israel endgültig verworfen, wer könnte sicher sein, dass das nicht auch mit uns geschieht? Sind wir besser als Israel? Sind wir nicht oft genauso ungläubig, starrköpfig und zweifelnd? Wir gehen doch auch so oft unsere eigenen Wege. Wir können nur mit Israel lobend anbeten: »Gottes Gaben und Berufung können ihn nicht gereuen« (Röm 11,29). An Israels Geschichte, gerade auch der neuesten mit ihren Bedrohungen, entzündet sich das Gotteslob Israels und der Gemeinde: »Ist Gott für uns, wer kann wider uns sein?« (Röm 8,31). Dann ist Heilszeit, Vollendungszeit, wenn Israel und die Heidenchristen als Gemeinde zusammen den Christus Jesus bekennen und anbeten: Nichts kann uns scheiden von der Liebe Gottes, die in Christus Jesus ist, unserem Herrn (vgl. V. 35-39). So ist und wird Israel immer mehr zum Mut machenden, Vertrauen begründenden, Hoffnung gebenden, Überwindungskraft entfaltenden Zeichen für die Gemeinde der Endzeit.

Israel hat eine bleibende Zusage

Kurz zusammengefasst

1) Israel lehnte Jesus als Messias ab, geht deshalb ins Gericht und steht abseits.
2) Die christliche Gemeinde und Israel sind untrennbar verbunden, wie der Stamm eines Baumes die Zweige trägt.

3) Es gibt keine Heilsvollendung ohne Israel. Die Weltgeschichte endet mit Israel im Fokus.

Zum vertiefenden Gespräch

1) Warum ist der Tempel für Israels Frömmigkeit so wichtig?
2) Brauchen wir Christen noch das Alte Testament?
3) Wie können wir Christen heute Israel helfen?

Bibeltexte

Matthäus 15,24; 24,3.15-21.32-34; Römer 8,31.35-39;
11,1.11.17-29; Jesaja 11,1.12; Daniel 11,31;
Offenbarung 13,14-15

Vorschlag zur Bibelarbeit

Einleitung
Israel – schon im Volksnamen steckt das Wort »Gott« (»El«).
Doch den Sohn Gottes, Jesus, lehnen die Israeliten ab.

1) Weg von Jesus
Die Mehrheit der frommen Juden lehnt Jesus auch heute noch
ab. Sie erklären ihn zum Gotteslästerer, weil er sagte, er sei Gottes Sohn. Das war auch der entscheidende Grund für die Kreuzigung. Sie erkennen keinen Gott an, der leidet und stirbt.
Noch unter dem Kreuz wollen sie ein eindeutiges Machtzei-
chen: »Steig herab, so wollen wir an dich glauben.« Sie wollen
einen kämpfenden, siegreichen Messias, wie den Kriegshelden
David. Das ist bis heute so. Die Scheidelinie zwischen Juden
und Christen ist Jesus. Erst will Israel nicht hören und dann

können sie nicht hören. Sie verstocken sich und werden verstockt. Sie wollen nicht sehen und werden blind.

2) Hinein ins Gericht

Deshalb kommt Israel ins Gericht. Es ist kein Vernichtungsgericht, sondern ernstes Erziehungsgericht. Auch darin lässt Gott sein Volk nicht endgültig los. Während des Gerichts über Israel kommt Gottes Heil für die Völker: Jetzt ergeht das Evangelium an sie. Doch Israel und die christliche Gemeinde bleiben untrennbar verbunden wie Stamm und Zweige. Die Zerstörung des Tempels trifft Israels Frömmigkeit ins Mark. Die Gegenwart Gottes ist weg, keine Begegnung, keine Opfer und keine Vergebung! Gerichtszeit über fast 2 000 Jahre von der Vernichtung des Staates durch die Römer über Pogrome in vielen Ländern an den zerstreuten Juden bis hin zum Holocaust. Heute ist deutlich zu sehen, was Jesus verheißen hat: »Dieses Geschlecht (Israel) wird nicht vergehen.«

3) Heimgeholt von Christus

Der Feigenbaum treibt heute Blätter, die Totengebeine wachsen zusammen. Noch ist Israel blind, noch wird das Volk durch schreckliche Gerichte gehen. Wir können und sollen das heutige Israel nicht naiv mit dem Heilsvolk gleichsetzen. Es ist noch verstockt. Unsere Hilfe für Israel? a) Anhaltende Fürbitte, b) konstruktive Kritik, c) klares Jesuszeugnis, d) politische und wirtschaftliche Hilfe, e) hinreisen, f) Solidarität üben, g) für Israels Lebensrecht eintreten.

Israels große Zukunft bricht mit dem wiederkommenden Jesus Christus an. Der Messias und sein ihn anbetendes Volk, das ist Segen und Heil für die ganze Welt.

Schluss

Das Weltende ist Israelzeit und damit auch Segens- und Füllezeit. Das Heil kommt von den Juden.

8. Der Antichrist

Die letzte und größte Rebellion der Endzeit wird durch die Herrschaft des Antichristen erreicht. Er lässt »das Gräuelbild der Verwüstung« (Mt 24,15) im Tempel aufstellen, erklärt sich selbst für Gott und wird den Groß-teil der Menschen verführen. Jesus warnt vor Betrügern, die sich als Christus ausgeben. Er gebraucht die Mehrzahl. So kündigt es auch Johannes an: »Kinder, es ist die letzte Stunde! Und wie ihr gehört habt, dass der Antichrist kommt, so sind nun schon viele Antichristen gekommen« (1. Joh 2,18). Der Antichrist und die Antichristen werden also unterschieden. Deutlich ist, die vielen Antichristen sind Vorläufer des eigentlichen Antichristen.

Die Antichristen

Der Antichrist der Letztzeit ist der Bevollmächtigte des Satans; ihm stellt er alle seine Macht zur Verfügung. »Der Drache gab ihm seine Kraft und seinen Thron und große Macht« (Offb 13,2). Mit dem Antichristen versucht der Satan zum letzten Mal mit aller Macht, Jesus Christus zu vertreiben und zu besiegen. Es ist wie vor der Aufführung eines Schauspiels. Es muss geprobt werden, jeder einzelne Akt. Die vielen Antichristen, die während der Endzeit auftraten und auftreten, sind solche Proben. Um nur Einzelne zu nennen: Mit Nero, dem brutalen römischen Kaiser, der sich selbst als Gottheit verehren ließ, übte der Satan, was der Antichrist einmal mit aller Entschiedenheit tun wird, nämlich Christen zu ermorden. Mit den Päpsten des Mittelalters, die Martin Luther als Antichristen bezeichnete, studierte der Satan die Verführung der christlichen Gemeinde mit verwirrenden, falschen Lehren ein, zum Beispiel durch käuflichen Sündenablass, Marienverehrung, Verwischung des Unterschieds zwischen der Bibel und späteren Traditionen, die Lehre, dass Konzilien und

Der Satan probt

später die Lehren der Päpste unfehlbar seien. Mit Napoleon, der in seiner Generation zum Antichrist erklärt wurde, probte der Satan, Völker mit militärischer Gewalt unter seine Herrschaft zu zwingen. Mit Hitler, den auch viele als Antichrist ansahen, probte der Satan den Angriff auf das Volk Israel mit dem Ziel der völligen Ausrottung. Bleiben wir im Bild: Jeder einzelne Akt des Dramas wurde und wird durch die Zeiten eingeübt. Wenn die Zeit gekommen ist, wird sich der Vorhang öffnen und die Aufführung beginnt. Die Weltbühne ist bereitet für den Generalbevollmächtigten des Satans.

Von der Bibel her ist deutlich und klar: Der letzte Antichrist ist eine wirkliche Person. Nicht nur eine Ideologie oder Zeitströmung. Schon Daniel sieht ihn als einen »Fürsten«, der »die Stadt und das Heiligtum zerstören« wird (Dan 9,26), und als Weltherrscher, »der wird tun, was er will und wird sich überheben und großtun gegen alles, was Gott ist. Und gegen den Gott aller Götter wird er Ungeheuerliches reden …« (Dan 11,36). Der auferstandene Christus zeigt Johannes diesen Antichristen als »ein Tier aus dem Meer steigen, das hatte zehn Hörner und sieben Häupter und auf seinen Hörnern zehn Kronen und auf seinen Häuptern lästerliche Namen« (Offb 13,1), also einen Menschen mit gewaltiger satanischer Macht.

Der Antichrist ist eine Person

Der Antichrist wird eine wirkliche Person mit weltweiter Machtfülle sein. Und wir erkennen heute Zusammenhänge, in denen solch eine absolute Herrschergestalt erfolgreich aufkommen kann. Der Ruf nach dem »starken Mann« wird weltweit lauter. Einflussreiche Wirtschaftsführer auch in unserem Land fordern immer dringlicher eine Weltregierung mit einem Weltpräsidenten. Anders sei die drohende Wirtschafts- und Finanzkrise, die jetzt schon die Welt erschüttert, nicht zu beseitigen.

Die Bühne ist bereitet

Viele Völker und Staaten versinken in Anarchie und können ihre Probleme nicht mehr selbst lösen. Somalia, Afghanistan,

Syrien, heute (2013) auch Ägypten. Andere Länder werden von Krisen geschüttelt, und die Bevölkerung demonstriert und streikt, wie in Griechenland, Portugal, Spanien, Frankreich, Italien. Kriege und Bürgerkriege sind **Der Problemlöser** heute noch recht begrenzt, zum Beispiel in Mali, Nigeria, Nepal, Irak und natürlich im Nahen Osten. Die drohende Umwelt- und Klimakatastrophe, die zu Ende gehenden Ressourcen der Erde, die weltweite Armut, die unheilbaren Krankheiten, wie Aids und Krebs. Da braut sich auf der ganzen Welt ein explosives Gemisch zusammen, das vieles einstürzen lassen kann, wenn es hochgeht. Einzelne Politiker einzelner Länder sind zunehmend hilflos. Die UNO, die Weltgemeinschaft, macht hilf- und planlos wirkende Versuche zur Befriedung und Entwicklung. Wenn da einer käme, der wirklich weltweit Frieden schaffen und Lösungen durchsetzen könnte – immer mehr würden ihm folgen.

So wird der Antichrist auftreten: als einer, der endlich Frieden, Gerechtigkeit und Wohlergehen für alle verspricht und auch verwirklicht. Die erste Zeit seiner Herrschaft wird eine Zeit des wachsenden Friedens, sozialen **Vom Tod heil** Wohlergehens und blühenden Fortschritts sein. Am Rande bemerkt: auch das hat Satan sehr gut geprobt, eben bei uns. Viele Menschen erlebten die ersten Jahre der Hitlerdiktatur als eine Zeit der Problemlösung: »Hitler hat auch viel Gutes getan«, sagen heute noch Menschen im Rückblick. »Er hat Deutschland wieder Ansehen verschafft, die Arbeitslosigkeit beseitigt, Autobahnen gebaut und wieder Ordnung hergestellt.« Darum jubelten ihm auch die Massen zu. So wird der Antichrist weltweit umjubelt werden. Er wird die Menschheit dadurch beeindrucken, dass er selbst dem größten Feind des Menschen, dem Tod, scheinbar die Macht nimmt. »Und ich sah eines seiner Häupter, als wäre es tödlich verwundet, und seine tödliche Wunde wurde heil«, so sieht es Johannes, »und die ganze Erde wunderte sich über das Tier und sie ... beteten das Tier an und sprachen: Wer ist dem Tier gleich und wer kann mit ihm kämpfen?« (Offb 13,3-4), beschreibt Johannes die Reaktion.

Jesus nennt schon in der Endzeitrede Betrüger-Christusse und Betrüger-Propheten zusammen (Mt 24,24), die mit Zeichen und Wundern Menschen verführen. Auch der letzte Antichrist wird von solch einem Propheten begleitet, der alles tut, um dem Antichristen die Macht und die Anbetung zu sichern. Die tödliche Wunde wird heil, damit imitiert er die Auferstehung von Jesus. Der Satan kann nichts wirklich Schöpferisches tun. Er kann nur nachmachen. So bildet er in diesem zweiten Tier den Heiligen Geist nach, dessen erste Aufgabe es ja ist, Jesus groß zu machen. »Er wird mich verherrlichen« (Joh 16,14), sagt Jesus vom Heiligen Geist. Dasselbe tut der Lügenprophet, das zweite Tier in Offenbarung 13,11-12, für den Antichristen. Er wird ihn verherrlichen und die Menschen zu unbedingtem Gehorsam zwingen.

Der Prophet des Antichristen

Der Antichrist wird sich nicht als Christus ausgeben, wie die Betrüger-Christusse. Er wird gegen Jesus Christus auftreten, ihn bekämpfen und verneinen. Er »leugnet, dass Jesus der Christus ist ... Das ist der Antichrist, der den Vater und den Sohn leugnet« (1. Joh 2,22), schreibt Johannes. Er wird Gott lästern, nicht nur ihm die Ehre nehmen, sondern seine Macht und Gottheit grundsätzlich verneinen und bestreiten. In dem Antichristen wird der Satan seinen uralten Plan, selbst Gott zu werden, so weit verwirklichen, wie er kann.

Gegen Jesus Christus

Gott der Vater, Jesus Christus und der Heilige Geist, der vom Vater und vom Sohn ausgeht, das ist die göttliche Dreieinigkeit. Der Satan in seiner Macht, der Antichrist, dem von ihm alle Vollmacht gegeben ist und der Lügenprophet, der zur Anbetung der beiden verführt, diese satanische Dreieinigkeit imitiert die göttliche. Aus welchem Volk, aus welchem Land kommt der Antichrist? Alle

Satanische Dreieinigkeit

Vorhersagen bleiben Spekulationen. Die Bibel macht hier keine Aussage; das sollten wir darum auch so annehmen. Klar ist für die christliche Gemeinde, dass sie den Antichristen zweifelsfrei erkennen wird, eben daran: Er wird leugnen, dass Jesus Christus Gottes Sohn ist und ebenso, dass dieser durch seinen Tod am Kreuz der einzige Erlöser ist. An diesem Kriterium wird deutlich: Die Theologie der strenggläubigen Juden trägt solche antichristlichen Züge, denn sie lehnen Jesus Christus bisher grundsätzlich als Messias, als Gottes Sohn und Erlöser, ab. Auch der Islam ist von solchen antichristlichen Grundelementen geprägt und erklärt es für eine des Todes würdige Sünde, wenn jemand bekennt, dass Gott einen Sohn habe. Moslems erkennen Jesus zwar an, aber nur als einen unter vielen von Gott gesandten Propheten, die alle weniger bedeutend als Mohammed sind.

Der Antichrist wird nicht nur die Göttlichkeit des Vaters und des Sohnes leugnen und den Glauben daran bekämpfen. Er wird sich selbst zum Gott erklären und seinen Willen und seine Weisungen als allein und unbedingt verpflichtend durchsetzen. Das ist der Gipfel der Gesetzlosigkeit, die Jesus voraussagt (vgl. Mt 24,12; Elb). Die Gebote Gottes werden von ihm für null und nichtig erklärt. Der Antichrist wird seine eigenen Gebote erlassen, die tief in das tägliche Leben jedes Menschen eingreifen. Anstelle des ersten Gebotes, in dem Jahwe sein alleiniges Gottsein verkündigt und allen Götzenglauben verbietet, lässt der Antichrist durch seinen Lügenpropheten sein erstes Gebot verkünden: Jeder muss den Antichristen als Gott anbeten, ganz wirklich vor dem sprechenden Götzenbild und für Israel verpflichtend in dem »Gräuelbild der Verwüstung« im Tempel.

Jeder muss ein Zeichen tragen: »Sie allesamt, die Kleinen und Großen, die Reichen und Armen, die Freien und Sklaven, (müssen) sich ein Zeichen machen an ihre rechte Hand oder an ihre Stirn, und dass niemand kaufen oder verkaufen kann, wenn er nicht das Zeichen hat, nämlich den Namen des Tieres oder die

Der Mensch der Gesetzlosigkeit

Zahl seines Namens« (Offb 13,16-17). »Die Zahl seines Namens«, sechshundertsechsundsechzig (V. 18), hat schon viele
Deutungsversuche erlebt. Die hebräischen Buch-

Die Zahl 666 staben haben zugleich Zahlenwert. Es mag gerechtfertigt sein, diese Namenszahl des Antichristen auch in Namen und Titeln des Kaisers Nero wiederzufin-
den. Nero war einer der vielen Antichristen. Was diese Zahl
letztlich bedeutet, wird dann klar erkennbar sein, wenn der
letzte Antichrist auftritt. Walter Tlach, der württembergische
Theologe, lange Jahre Leiter des Albrecht-Bengel-Hauses in Tü-
bingen, hat es so gesagt: »Die Grundlinien stehen in der Bibel,
die realen Ausformungen werden wir in der Tageszeitung lesen.«
Diejenigen, die die Gottheit des Antichristen nicht anerken-
nen, werden radikal ausgeschlossen aus der Gesellschaft, weltweit. Sie werden weder kaufen noch verkaufen

Der Kampf gegen können, ihnen wird also die Lebensgrundlage ent-
die Christen zogen. Und viele werden getötet werden (Offb
13,15), zuerst wohl die Christen. »Ihm wurde
Macht gegeben, zu kämpfen mit den Heiligen und sie zu überwinden« (Offb 13,7), sagt der auferstandene Christus voraus.
Solche antichristlichen Strukturen sind heute schon Wirklichkeit für Christen in vielen Ländern. In Indien etwa werden viele
Christen aus ihrer Familie und aus ihrer Kaste ausgestoßen und
haben damit keine Absicherung und Hilfe mehr. Sie verlieren
oft auch ihre Arbeit. Sie können nichts mehr kaufen. Ein Beispiel: Ein Dalit, also ein Angehöriger der Kastenlosen, erfährt
Hilfe vom Staat. Er kann mit einem Ausweis ein Kilo Reis zum
subventionierten Preis von 2 Rupien kaufen. Wird er Christ,
wird ihm dieser Ausweis sofort entzogen, und er muss nun für
ein Kilo Reis den Normalpreis von 22 Rupien bezahlen. Das ist
für die meisten unerschwinglich. Auch die Tötung von Christen, eben weil sie Christen sind, kommt immer wieder vor, ja
nimmt sogar zu. Das wird unter der Herrschaft des Antichristen

weltweit so sein. Die Gemeinde von Jesus Christus geht in Leiden, Drangsal und Verfolgung. Wie kann die Gemeinde in solch schlimmer Zeit durchkommen? Jesus sagt:»Wer aber beharrt bis ans Ende, der wird selig werden« (Mt 24,13). So auch der auferstandene Christus:»Hier ist Geduld und Glaube der Heiligen« (Offb 13,10). Geduld oder Ausharren, im Griechischen dieselbe Wortwurzel, meint zunächst »darunterbleiben«. Gerade in den Drangsalen und Verfolgungen nicht resignieren, nicht verzweifeln und gewiss nicht mit Gewalt antworten. Darunterbleiben, dieses Böse als Last sehen, die Jesus zulässt und mit der er die Seinen echt machen will. Petrus schreibt:»Darum sollen auch die, die nach Gottes Willen leiden, ihm ihre Seelen anbefehlen als dem treuen Schöpfer und Gutes tun« (1. Petr 4,19). Geduld, beharren, das soll auch die Lebensausrichtung prägen, in sehnender Hoffnung zu leben auf die Wiederkunft von Jesus Christus hin. Das ist keine Vertröstung auf bessere Zeiten, sondern tragende Gewissheit, dass dann allem Leid ein Ende gesetzt ist. Es ist wie bei einem Läufer. Er hat das Ziel im Blick, und so erträgt er leicht die Anstrengung des Laufes. Solche Hoffnung flieht nicht aus der Welt, sondern lebt und handelt bewusst in ihr, um zu bezeugen und mit zu gestalten, dass Gottes neue Welt kommt. Wir lassen hier schon Lichtstrahlen aufleuchten. Mit Geduld und Glaube als tief gegründetes Vertrauen auf Jesus erleben wir die Gemeinschaft mit ihm immer mehr. Sein Heilandsruf an die Mühseligen und Beladenen gewinnt für die Christen in der antichristlichen Zeit besondere Bedeutung, tröstet und gibt Mut:»Nehmt auf euch mein Joch … so werdet ihr Ruhe finden für eure Seelen« (Mt 11,29). Das Joch, das Jesus hier benennt, ist das Doppeljoch. Er selbst spannt sich mit den Leidenden und Verfolgten zusammen. Deshalb:»Denn mein Joch ist sanft, und meine Last ist leicht« (Mt 11,30).

Geduld und Glaube der Heiligen

Der Antichrist wird gegen Israel antreten. Das erwählte Volk Gottes ist wie ein Stachel in seinem Fleisch, und er wird es mit unerbittlichem Hass und brutaler Gewalt verfol-

Der Bund mit Israel gen. Allerdings geht er auch hier zunächst mit dämonischer Schlauheit und betrügerischer Verstellung vor. Das sieht Daniel voraus: Die Herrschaftszeit des Antichristen wird sieben Jahre bestehen. »In der Mitte der (Jahr-)Woche wird er Schlachtopfer und Speisopfer abschaffen. Und im Heiligtum wird stehen ein Gräuelbild, das Verwüstung anrichtet« (Dan 9,27). In den ersten dreieinhalb Jahren wird der Antichrist einen Bund, einen Friedensvertrag mit Israel schließen. Er tritt ja als Problemlöser und Friedensbringer an, als der, der allen Wohlstand und glückliches Leben bringt. Auch das Nahostproblem, diese Zeitbombe, wird von ihm entschärft. Der Menschheit steht ein »goldenes Zeitalter« bevor.

Doch dann wird der Antichrist sein wahres brutales Gesicht zeigen: Im vernichtenden Angriff gegen Israel. Der Vertrag mit Israel ist nichts wert. Aber er wird Israel nicht unter

Die Vernichtung seine völlige Kontrolle bekommen. Je mehr der
Israels Antichrist göttliche Verehrung einfordert, umso deutlicher wird sich in Israel Widerstand erheben. Daniel sieht: »Aber die vom Volk, die ihren Gott kennen, werden sich ermannen und danach handeln« (Dan 11,32). Ein Teil des Volkes Israel und die Jesus vertrauende Gemeinde werden den Antichristen nicht wie einen Götzen anbeten und darum seinem vernichtenden Angriff entgegengehen. Sacharja sieht noch ein zweites Motiv für die zornige Wut des Antichristen: Jerusalem. Das Nahostproblem wird oberflächlich gelöst werden, aber nicht die Frage: Wem gehört Jerusalem? Dieses Problem verhindert letztlich auch heute einen wirklichen Frieden des Staates Israel mit seinen arabischen Nachbarn. Jerusalem ist unverzichtbarer, ewiger Bestandteil, ja Mitte des Staates Israel, so haben es immer wieder Politiker aller Parteien des Staates Israel entschieden festgestellt.

Daran entzündet sich also der letzte »Weltkrieg«, den der Antichrist anführt. Es geht um die »Endlösung« der Jerusalemfrage und der ganzen Israelproblematik. So schreibt Sacharja: »Zur selben Zeit will ich Jerusalem machen zum Laststein für alle Völker ... es werden sich alle Völker auf Erden gegen Jerusalem versammeln« (Sach 12,3). Johannes sieht diesen letzten Kampf so: »Und ich sah das Tier und die Könige auf Erden und ihre Heere versammelt, Krieg zu führen mit dem, der auf dem Pferd saß, und mit seinem Heer« (Offb 19,19). Der Angriff auf Jerusalem wird zum Kampf mit Christus selbst, der sein Volk, der die erwählte Stadt Gottes nicht im Stich lässt. Zunächst wird der Antichrist sein Kriegsziel erreichen. »Die Stadt wird erobert, die Häuser werden geplündert und die Frauen geschändet werden« (Sach 14,2).

Jerusalem als Laststein (Randnotiz)

Dann aber wird das Ende des Antichristen und all seiner Heeresmacht kommen. Denn »der Herr wird ausziehen und kämpfen gegen diese Heiden« (Sach 14,3). »Seine Füße werden stehen ... auf dem Ölberg« (V. 4). Der Ölberg wird sich spalten und zum Fluchtweg für das restliche Volk werden, so wie beim Auszug aus Ägypten das Schilfmeer sich teilte und Israel dem »Gottkönig«, dem Pharao entkam. Paulus schreibt: »Ihn (den Bösen) wird der Herr Jesus umbringen mit dem Hauch seines Mundes und wird ihm ein Ende machen durch seine Erscheinung, wenn er kommt« (2. Thess 2,8). Johannes sieht dieses Ende noch genauer: »Und das Tier wurde ergriffen und mit ihm der falsche Prophet ... Lebendig wurden diese beiden in den feurigen Pfuhl geworfen, der mit Schwefel brannte« (Offb 19,20).

Das Ende des Antichristen (Randnotiz)

Der Satan ist mit seinem Generalbevollmächtigten im entscheidenden Angriff gescheitert. Er selbst wird ergriffen und im Abgrund gefesselt (vgl. Offb 20,1-3). Die Christusherrschaft im Tausendjährigen Reich von Jerusalem aus schließt die Geschichte dieser jetzigen Welt ab, bevor Gott mit seiner Neu-

schöpfung die Ewigkeit heraufführt. Es wird deutlich: Auf die
Wiederkunft von Jesus Christus läuft alles zu. Damit wird Gottes Heilsplan vollzogen und vollendet. Alle Endzeitschrecken,
alle Gräuelmacht des Antichristen währen nur für begrenzte
Zeit. Jesus Christus bringt Rettung, Fülle, Ewigkeit. Dem vertrauen wir.

Kurz zusammengefasst

1) Dem Antichrist verleiht der Satan alle seine Macht zum letzten Angriff auf Israel, die Gemeinde und Jesus.
2) Er tritt als Friedensbringer an, verlangt dann göttliche Anbetung und wird alle, die ihn nicht anbeten, verfolgen und
   töten.
3) Sein Endziel ist die Vernichtung Israels. Aber er wird in Jerusalem von Christus gerichtet.

Zum vertiefenden Gespräch

1) Woran werden Christen den Antichristen erkennen?
2) Wie können die Christen in der antichristlichen Zeit standhalten?
3) Was ist der Grund für den Israelhass des Antichristen?

Bibeltexte

Matthäus 24,12-25; 1. Johannes 2,18-23; Offenbarung 12,20;
13,1-18; 19,19-20; Daniel 9,26-27; 11,36; Sacharja 14,1-4

Vorschlag zur Bibelarbeit

Einleitung
Der Antichrist führt Satans größten Angriff gegen Gott

1) Der Friedensbringer
Der Antichrist ist eine Person, der vom Satan Bevollmächtigte der Letztzeit. Sein Auftritt wurde und wird in der Geschichte vorher geprobt. Vorläufer etwa Nero, Päpste des Mittelalters, Napoleon, Hitler. Die Bühne ist bereitet. Heute der weltweite Ruf nach dem starken Mann. In der ersten Zeit seiner Herrschaft wird er als Friedensbringer, Problemlöser und Gerechtigkeitsgarant auftreten. Er wird sogar die Auferstehung von Jesus Christus imitieren – die tödliche Wunde wird heil – und so weltweit die Menschen überzeugen. Selbst das Israel-Problem wird er lösen, indem er einen Bund mit Israel schließt. Sein Prophet, Propagandaminister, wird alles tun, dass er geehrt, ja schließlich als Gott angebetet wird. Wer sich ihm unterwirft, wird in Wohlstand und Sicherheit leben.

2) Der Gotteslästerer
Dann wird er sein wahres Gesicht zeigen. Er wird offen gegen Gott und Jesus Christus kämpfen. Er wird alle, die ihm göttliche Verehrung verweigern, verfolgen und töten. Er wird sich nicht als Christus ausgeben, sondern leugnen, dass Jesus Christus der Sohn Gottes ist. Er wird Gottes Macht selbst leugnen. Die satanische Einflüsterung der Schlange im Paradies: »Ihr werdet sein wie Gott« kommt im Antichristen scheinbar zur Vollendung. Um sein Ziel zu erreichen, trifft brutale Verfolgung alle, die am Christusbekenntnis festhalten. Er wird viele Christen töten. Die Gemeinde geht in tiefstes Leiden. Aber: »Hier ist Geduld und Glaube der Heiligen.« Wer bei Jesus bleibt, beharrt, wird das Leben gewinnen, die ewige Rettung.

3) Der Gerichtete

Der Antichrist will Israel endgültig vernichten. Daran will er die Machtlosigkeit Gottes erweisen. Er hofft, dass Gott sein Volk nicht schützen kann. Wenn der Antichrist göttliche Verehrung, sogar an heiliger Stelle – wohl im neu gebauten Tempel – verlangt, wird ein Großteil der Juden das verweigern. Sie werden am Gottesbekenntnis zu Jahwe festhalten. Und so kommt es zur letzten Schlacht von Harmagedon und damit zum letzten Angriff gegen Jerusalem am Ende des Tausendjährigen Reichs. Dort wird ihm der wiederkommende Christus entgegentreten und ihn und seinen Propheten in die Hölle werfen. Israel wird für die Macht und Herrschaft des Antichristen zum Stolperstein. Er scheitert an und in Jerusalem.

Schluss

Jesus redet klar vom Ende allen Schreckens. Gottes Schlusswort ist Heil.

9. Die Wiederkunft von Jesus Christus

Mit der Geburt von Jesus Christus hat die Endzeit begonnen. Mit seiner Wiederkunft geht die Weltzeit zu Ende. »Ende« klingt nicht nur negativ. Im Griechischen bezeichnet ein Wort zugleich Ende, Ziel, Erfüllung, Vollendung, ja Höhepunkt. Die ganze biblische Prophetie, auch die Endzeitpredigt von Jesus, ist von diesem positiven Grundton durchweht. Die Vollendung, die Erfüllung, der Höhepunkt steht bevor. Gott hat nicht die Vernichtung, das endgültige Aus für seine Menschen und seine Schöpfung geplant. Sein Heilsplan strebt auf den Höhepunkt zu, auf die Neuschöpfung, auf die Herrlichkeit der ewigen Königsherrschaft seines Messias Jesus Christus. Das ist die herrliche Seite des Evangeliums, wirklich frohe Nachricht. Wir Christen haben sie dieser böser werdenden Welt zu bringen. Christen sind Optimisten. Sie leben in steigender Erwartung und Freude: Das Schönste kommt noch! Darum ist es keine Durchhalteparole, wenn Jesus sagt: »Wenn aber dieses anfängt zu geschehen, dann seht auf und erhebt eure Häupter, weil sich eure Erlösung naht« (Lk 21,28). Unser Blick richtet sich nicht zuerst auf die zunehmende Not, nicht hinunter in den sich öffnenden Abgrund des Schreckens. Er geht hinauf zum Himmel: Kopf hoch, das Heil, der Heiland kommt. Lasst uns »aufsehen zu Jesus, dem Anfänger und Vollender des Glaubens« (Hebr 12,2). Der Blick auf den Schrecken, der Blick in den Abgrund lähmt; der Blick nach oben, der Blick zu dem wiederkommenden Christus, der gibt unserem Leben Antrieb, Kraft, Trost und wachsende Freude.

Auch hier versucht der Satan zu verführen, den Blick abzulenken, uns von Jesus wegzuziehen. Gerade in der wachsenden Not wird die Gemeinde anfällig für solche Blickwechsel, beson-

Das Ende ist Erfüllung

ders wenn vermeintliches Heil angepriesen wird. Jesus sagt: »Es
wird die Zeit kommen, in der ihr begehren werdet, zu sehen
einen der Tage des Menschensohnes und werdet
Siehe hier, siehe da   ihn nicht sehen. Und sie werden zu euch sagen:
Siehe, da!, oder: Siehe, hier! Geht nicht hin und
lauft ihnen nicht nach« (Lk 17,22-23)! Die falschen Christusse
und falschen Propheten werden Orte und Menschen zu sicht-
baren Heilzeichen erklären. »Siehe, er ist drinnen im Haus« (Mt
24,26). Der griechische Ausdruck hier meint eigentlich einen
Ort, der Schutz gibt; übertragen kann es auch für Menschen
oder Gruppen stehen, die Fürsorge, Schutz und Hilfe versprechen. Wir erleben fanatische, christliche Sektenführer, die denen, die sich ihnen anschließen, alles Heil und Glück versprechen. Dabei schotten sich solche Heils-Gemeinden streng ab
und führen ein Eigenleben. Auch in Deutschland gibt es immer
wieder solche Gruppen, die, von Führern mit Ausstrahlung geleitet, manche ernsthaft suchenden Christen in ihren Bann ziehen. Oft endet das in materieller Ausbeutung, sexueller Aus-
schweifung oder gar im kollektiven Selbstmord. »Siehe, er ist in
der Wüste« (V. 26). Das Heil des Christus wird an bestimmte
Orte gebunden. Wüste beschreibt einen Ort der Einsamkeit,
der völligen Isolierung. Damit warnt Jesus vor dem Bestreben
solcher Gruppen und Sektenführer, sich völlig abzuschließen
von der Welt, um so absolute Macht über ihre Anhänger zu
gewinnen. Das Heil wird in der völligen Trennung von der
Welt gesehen. Die Zeugen Jehovas, die Moon-Sekte sowie die
Scientologen verlangen und leben solche völlige Trennung von
der Welt, von allen Andersgläubigen, bis hin zur Loslösung von
Familie, Freunden und Bekannten. Mit dem Versprechen, dass
bei ihnen allein Heil ist, verführen sie viele Menschen. Auch gab
es immer wieder Versuche, das Heil zu lokalisieren. Viele Tausende wanderten etwa vom Schwabenland in Richtung Osten
aus, weil sie an die Verheißung glaubten, dass Christus im Osten wiederkommen würde. Sie siedelten sich in Russland an, um

dem Herrn bei seiner Wiederkunft ganz nahe zu sein. Andere zogen nach Israel oder nach Amerika, auch geleitet von dem Versprechen, man sei dort vor dem endzeitlichen Geschehen sicher. Das alles sind Fehlwege, beruhend auf teuflischer Verführung. Das Wort von Jesus: »Wo das Aas ist, da sammeln sich die Geier« (V. 28) beschreibt solche Verführungen treffend. Aas, Leichname, Verwesendes, Totes, da ist kein Leben und Bewegung drin, nur Fraß für die Aasfresser, Beute für Leichenfledderer. Vielleicht ist die Antwort von Jesus an einen, der ihm folgen will, aber vorher noch seinen Vater begraben will, auch in diesem Sinne zu verstehen: »Lass die Toten ihre Toten begraben« (Lk 9,60). Immer wieder wird deutlich, für wie gefährdend Jesus die Verführungen in der Endzeit ansieht und wie eindringlich er seine Jünger warnt. Darum stehen seine Endzeitreden in der Bibel. Wer dieses Kapitel liest und ernst nimmt, der hat festen Boden unter den Füßen, der wird Verführungen aller Art entgehen können.

Die Wiederkunft von Jesus geschieht nicht im letzten Winkel und ist nicht örtlich begrenzt. Jesus vergleicht sein Kommen mit einem Blitz, der für alle sichtbar das gesamte Firmament erleuchtet (Mt 24,27). Mit seinem Kommen beginnt das Ende der Welt im umfassenden Sinn, das Ende der bisherigen Menschheitsgeschichte. Das Ende der Schöpfung, ja das Ende des gesamten Kosmos wird eingeleitet: »Die Kräfte der Himmel werden ins Wanken kommen« (V. 29). Das griechische Wort für »Wanken« kann sich sowohl auf Bewegungen der Erde (Erdbeben) wie auch des Wassers (Flut, Überschwemmung) verwendet werden. Hier weist Jesus noch darüber hinaus auf kosmische Erschütterungen. Der ganze Kosmos, der unendlich scheinende Weltraum, wird geschüttelt. »Die Sonne (wird) sich verfinstern« (V. 29), das haben wir zum Beispiel im Jahr 2010 erlebt, als nach dem Ausbruch eines Vulkans in Island Ascheteilchen die Sonne verfinsterten und der Flugverkehr fast weltweit beeinträchtigt war.

Der Kosmos wankt

»Der Mond (wird) seinen Schein verlieren, und die Sterne werden vom Himmel fallen« (V. 29). In einem Nuklearkrieg oder durch den Einschlag eines großen Asteroiden auf der Erde sind das für uns heute durchaus denkbare Katastrophen. Der auferstandene Christus zeigt Johannes diese unmittelbaren Vorboten seiner Wiederkunft, die mit der Öffnung des sechsten Siegels über den Kosmos hereinbrechen und alles ins Wanken bringen (Offb 6,12 ff). Was Jesus hier über die Erschütterung des gesamten Kosmos voraussagt, haben schon die Propheten des alten Bundes gesehen.

Was am Ende der Welt geschieht, wenn Jesus wiederkommt, alttestamentlich: am Tag des Herrn, ist in Gottes Heilsplan schon vorzeiten beschlossen. Dann erfüllen sich die letzten alttestamentlichen Prophezeiungen (zum Beispiel Jes 13,9-11). Jesus sagt in seiner Endzeitrede nichts grundsätzlich Neues. Er legt die Schrift aus, das Alte Testament, seine Bibel. Das Alte Testament schildert nicht lediglich vergangene Geschichte; vielmehr ist es unverzichtbar zum Verständnis des Neuen Testaments. Es ist die Wurzel, die den Baum zum Blühen und Fruchttragen bringt. Wer das Alte Testament ablehnt, schneidet dem christlichen Glauben die Wurzel ab.

Schon im Alten Testament angezeigt

All diese Voraussagen sind nicht Ausgeburten überhitzter Fantasien; auch ihre Bilder sind meist nicht schwer verständlich. Wir lernen heute ganz neu, dass wir gut daran tun, die Bibel ihrem Wortsinn nach auszulegen. Je mehr wir die biblischen Texte vergeistigen, umso ferner rücken sie uns, als umso unverbindlicher können wir sie zur Seite schieben. Allerdings hat die sichtbare Welt des Kosmos auch unsichtbare Hintergründe und Dimensionen. Wenn es heißt, »die Kräfte des Himmels werden ins Wanken kommen« (V. 29), dann kann sich »Kräfte« hier wie an anderen Stellen des Neuen Testaments auch auf gottfeindliche, teuflische und dämonische Mächte beziehen. Nicht nur

Die Kräfte der Himmel

die sichtbare Welt, auch die gesamte Macht des widergöttlichen Bösen wird bei der Wiederkunft von Jesus in den Grundfesten erschüttert. Erschüttert, aber noch nicht endgültig vernichtet. Das geschieht erst im Weltgericht und bei der Neuschöpfung. Doch angesichts der Wiederkunft steht alles in einem neuen Licht. »Dann wird erscheinen das Zeichen des Menschensohns am Himmel« (Mt 24,30). Ein Zeichen, Hinweiszeichen auf die Gestalt des Christus. Wir werden darunter wohl den Herrlichkeitsglanz des Königs Christus zu verstehen haben: »wie ein Blitz« (V. 27). Es ist der strahlende Himmelsglanz, der dann über dieser Erde für alle sichtbar aufleuchtet. Wie bei seinem ersten Kommen, bei seiner Geburt. Dort strahlte das Herrlichkeitslicht über dem Hirtenfeld von Bethlehem. Lukas berichtet von dem, was die Hirten sahen: »Und der Engel des Herrn trat zu ihnen, und die Klarheit des Herrn leuchtete um sie« (Lk 2,9), eben die Lichtherrlichkeit Gottes. Dann überstrahlt dieser unbeschreibliche Glanz die ganze Erde und kündigt so die ewige Herrlichkeit an. So positiv sieht Jesus das Weltende. Nicht gewaltige Atomstürme, Staub und Asche, auch nicht die alles verschlingende Finsternis des Bösen stehen am Ende, vielmehr der Lichtglanz Gottes. Sonne und Mond und Sterne werden ihren Schein verlieren. Das geht voraus in den Gerichten Gottes. Aber das Letzte ist die aufstrahlende Herrlichkeit.

Jesus wird für alle sichtbar wiederkommen. »Alle Geschlechter auf Erden ... werden sehen den Menschensohn kommen ... mit großer Kraft und Herrlichkeit« (Mt 24,30). Nicht mehr das Kind in der Krippe, sondern den königlichen Messias. Jetzt kommt der, der alles überstrahlt, alles in den Schatten stellt, alle Dunkelheiten durchdringt und in seinem Glanz die Pläne Gottes zum Heil vollendet. Dazu gebraucht er seine Macht, die Herrschermacht, der niemand und nichts Widerstand leisten kann. Seine Macht, die Gerechtigkeit und Frieden schafft und alles Böse, ja den Bösen

Das Zeichen des Menschensohnes

Er kommt

endgültig entmachtet. Er kommt »auf den Wolken des Himmels« (V. 30). Die Wolke ist auch ein Zeichen der Gegenwart
Gottes. Sie verhüllt, denn die volle Herrlichkeit Gottes würde
uns töten. Wolke aber auch im wörtlichen Sinn des griechischen
Wortes: Das Berstende, das Ausschüttende, das Hervorquell-
ende. In Jesus wird Gottes Glanz und Macht aus allen Hüllen
heraustreten, für alle sichtbar erscheinen.

Für alle sichtbar: Der ewige König Gottes. »Und dann werden wehklagen alle Geschlechter auf Erden« (Mt 24,30). Mit
der Wiederkunft geht die Zeit der Gnade zu Ende
und damit auch die Zeit des Glaubens, in der man
sich zum Glauben entscheiden kann. Für die, die
Jesus geglaubt haben, ist jetzt Freudenzeit, Erlösungszeit, Vollendungszeit. Für alle aber, die ihn abgelehnt haben, beginnt jetzt
das Gericht. Deshalb stürzt die Wiederkunft von Jesus Christus
die Nichtchristen in Verzweiflung und Schrecken. Das ist der
tiefe Ernst des Evangeliums. Es gibt einen doppelten Ausgang
der Weltgeschichte: Erlösung für alle, die glauben, Verdammnis
in die Gottesferne, die Hölle, für alle, die nicht glauben. Die
Bibel bezeugt tatsächlich ein »Zu spät«. Deshalb mahnt der
Hebräerbrief so eindringlich: »Heute, wenn ihr seine Stimme
hören werdet, so verstockt eure Herzen nicht« (Hebr 3,7-8).
Der einzige Maßstab, mit dem über Heil oder Verdammnis entschieden wird, ist Jesus Christus. Wer an ihn glaubt, der wird
errettet. Wer nicht an ihn glaubt, der wird verdammt. Deshalb
das Wehklagen, wie bei einem Todesfall. Da ist nichts mehr zu
ändern oder gutzumachen. Für die Ungläubigen ist die sichtbare
Wiederkunft von Jesus ein Grund zum Trauern, für ewig.

Bei der Wiederkunft vollzieht sich die Vereinigung aller
Glaubenden mit ihrem Erlöser und Herrn. Sie werden zu ihm
»versammelt«. Das griechische Wort heißt eigentlich »völlig
zu ihm hingeleitet, hingeführt« werden. Die Glaubenden, die
»Auserwählten«, werden das erleben, wie Ehrengäste an den
Tisch mit den Ehrenplätzen geleitet werden. Als biblische

Wehklagen

Grundaussage gilt: Jeder ist auserwählt, der bewusst Ja gesagt hat zu Jesus, jeder, der im Glauben an ihn gelebt hat. Sie alle werden mit höchsten Ehren zu Jesus hingeführt. Der Christus gibt den Befehl dazu. Die Posaune war das Instrument, mit dem hoheitliche Befehle angekündigt wurden. Der Ruf des Christus wird wie ein alles durchdringender Posaunenton die endgültige Gemeinschaft mit den Seinen anordnen. Engel werden diese Sammlung vollziehen. Das ist der letzte Dienst, den die Engel an den Glaubenden tun, sie zu Jesus hinzuführen. Das ist jetzt schon ihre Aufgabe, wie es im Hebräerbrief heißt:»Sind sie nicht allesamt dienstbare Geister, ausgesandt zum Dienst um derer willen, die das Heil ererben sollen?« (Hebr 1,14). Von diesem letzten Engelsdienst redet Jesus auch, als er von dem verstorbenen Lazarus sagt:»Er wurde von den Engeln getragen in Abrahams Schoß« (Lk 16,22).

Die Sammlung der Auserwählten

»Sie werden sammeln seine Auserwählten von den vier Winden« (Mt 24,31). Im biblischen Sprachgebrauch bezeichnen die »vier Winde« alle Himmelsrichtungen. Die Sammlung der Glaubenden mit der Wiederkunft umfasst also alle Glaubenden, die dann auf der Erde leben. Das aber ist das Ereignis, das Paulus mit dem Wort»verwandelt werden« (1. Kor 15,51.52) beschreibt. Und das geschieht eben »zur Zeit der letzten Posaune« (V. 52). Die Glaubenden werden nicht nur zu Jesus hingeführt, sie werden auch verwandelt, erhalten einen neuen Leib, um ihrem Herrn begegnen zu können. Der verwesliche, durch den Tod geprägte irdische Leib, er wird »anders gemacht«, so das Wort»verwandeln« wörtlich. Wie Johannes verheißt,»werden wir ihm (dem Christus) gleich sein; denn wir werden ihn sehen, wie er ist« (1. Joh 3,2). Paulus nennt dieses Geschehen»Entrückung«: Wir werden»mit ihnen entrückt werden auf den Wolken in die Luft, dem Herrn entgegen« (1. Thess 4,17). So zeigt es der auferstandene Christus auch Johannes. Bei seiner Wiederkunft folgt ihm »das Heer des

Von den vier Winden

Himmels« (Offb 19,14), und »die mit ihm sind, sind die Berufenen und Auserwählten und Gläubigen« (Offb 17,14).

Die Sammlung der Auserwählten wird »von einem Ende des Himmels bis zum andern« (Mt 24,31) geschehen, so führt Jesus weiter aus. Das ist eine andere Gruppe als die zuvor erwähnten Gläubigen aus allen Richtungen der Erde. Hier bedeutet »Himmel« als die andere Sphäre wohl den Ort der verstorbenen Gläubigen.

Von den Enden des Himmels

So verdeutlicht Paulus: »Zuerst werden die Toten, die in Christus gestorben sind, auferstehen. Danach werden wir, die wir leben und übrig bleiben, zugleich mit ihnen entrückt werden auf den Wolken in die Luft, dem Herrn entgegen« (1. Thess 4,16-17). Bei der Wiederkunft wird also die ganze Gemeinde der Gläubigen, die verstorbenen und die noch lebenden, mit Jesus Christus vereinigt werden. Die Auferstehung der Nichtchristen geschieht allerdings erst zum letzten Weltgericht.

Jesus leitet diese Voraussage seines Wiederkommens mit »sogleich« ein. Das griechische Wort ist nicht nur eine Zeitbestimmung, sondern meint von seiner Wurzel her eine zielgerichtete, eilige Handlung. Auch »nach der großen Trübsal« (Mt 24,29) meint mehr als eine Abfolge. »Nach« könnte man auch wiedergeben mit »auf dem Höhepunkt, mitten in«. Die Wiederkunft von Jesus erfolgt also auf einem Höhepunkt, zugleich mit einem Spitzenereignis der Bedrängnis in der großen Trübsalszeit. Der Prophet Sacharja verdeutlicht diesen Punkt. Der Messias wird dann wiederkommen, wenn das Volk Israel in seiner bedrohlichsten Situation sein wird, wenn der Antichrist mit seinem Weltheer Israel erobert hat, Jerusalem fast völlig zerstört hat und im Begriff ist, Volk und Staat völlig zu vernichten (vgl. Sach 14,2): »Und der Herr wird ausziehen und kämpfen gegen diese Heiden … Und seine Füße werden stehen … auf dem Ölberg« (Sach 14,3.4).

Sogleich

Die Wiederkunft von Jesus Christus ist also auf Israel ausgerichtet. Jesus Christus kommt wieder, wenn sein geliebtes, erst-

erwähltes Volk in seiner letzten Not ist. Er kommt zur Rettung
und Erlösung Israels. Es gibt keine Heilsvollendung ohne Israel,
das wird in der Bibel ganz deutlich. Diesem Volk
gilt die erste Liebe des Christus, und zu seiner Ret-   Auf Israel
tung schließt er diese Weltzeit ab. Und er bleibt   ausgerichtet
Israel ganz zugewendet. Der Wiedergekommene
wird seine Königsherrschaft auf Erden aufrichten. Er wird von
Jerusalem aus regieren und im Tausendjährigen Reich das Volk
Israel zum Segen für die ganze Erde machen. In seiner Endzeitrede wendet sich Jesus an die christliche Gemeinde, die vorher
entrückt wurde. Sie wird mit ihm auf den Thronen sitzen und
Heil und Gerechtigkeit auf dieser Welt aufrichten.

Die Wiederkunft von Jesus beschließt die Weltzeit. Jetzt hält
der Herr das Weltgericht, von dem er am Ende seiner Predigt
redet. »Alle Völker werden vor ihm versammelt
werden« (Mt 25,32). Der Auferstandene zeigt Jo-   Das Weltgericht
hannes dieses letzte Gericht: »Und ich sah die To-
ten, Groß und Klein, stehen vor dem Thron … und die Toten
wurden gerichtet nach dem, was in den Büchern geschrieben
steht, nach ihren Werken« (Offb 20,12). Das ist der Schlussakt
der Weltgeschichte. Der Richter Jesus Christus spricht über jeden Menschen sein Urteil.

Jeder wird nach seinen Werken gerichtet. Diese Werke werden auch genannt. Es sind die einfachen Taten der Barmherzigkeit: Hungrigen zu essen geben; dem Durstigen zu
trinken geben; Fremde aufnehmen; Nackte klei-   Gericht nach den
den; Kranke und Gefangene besuchen. In dem al-   Werken
lem ist aber das Verhältnis zu Jesus Christus entscheidend. Er sagt: »Was ihr getan habt einem von diesen
meinen geringsten Brüdern, das habt ihr mir getan« (Mt
25,40). Jesus ist der Maßstab, Jesus, wie er gewissermaßen immer noch auf dieser Erde ist, nämlich in seinen Brüdern und
Schwestern, die sozusagen sein Leib sind (vgl. Eph 1,22-23).
Seine Brüder, das sind nicht einfach alle Menschen. Als Brüder

bezeichnet Jesus alle, die an ihn glauben, also die christliche Gemeinde. Als Brüder werden auch die bezeichnet, die zum Volk Israel gehören. Welch eine ungeheure Würde für die Glaubenden und für die Israeliten! Wie sich die Menschen ihnen gegenüber verhalten haben, das entscheidet mit über ihr Heil oder ihre Verdammnis. Was Menschen an Hilfe und Erbarmen gegenüber Christen und Juden gezeigt haben, eben weil sie zu Jesus oder zu Israel gehörten, das ist Gegenstand des Gerichts, darüber urteilt Jesus: »Zur ewigen Strafe … (oder) in das ewige Leben« (Mt 25,46).

Mit der Wiederkunft von Jesus Christus beginnt das Tausendjährige Reich als Vorstufe der Ewigkeit. Hier ist es müßig, zeitliche Ordnungen aufzustellen und zum Beispiel

Die Neuschöpfung   verschiedene Wiederkünfte von Jesus anzunehmen: etwa eine in der Luft zur Vereinigung mit der Gemeinde, eine andere besonders für Israel und noch eine dritte zum Weltgericht. Zeitliche Kategorien und Unterscheidungen werden nicht mehr greifen, wenn der Ewige da ist, das Ziel, die endgültige Erfüllung. Das »Alte« geht unter, und die Neuschöpfung, der neue Himmel und die neue Erde, werden ewige Wirklichkeit, ewige Gegenwart. Wie Johannes hört: »Siehe da, die Hütte Gottes bei den Menschen! Und er wird bei ihnen wohnen, und sie werden sein Volk sein und er selbst, Gott mit ihnen, wird ihr Gott sein« (Offb 21,3). Gott kommt zu seinem Ziel: »Siehe, ich mache alles neu« (V. 5).

Kurz zusammengefasst

1) Die Wiederkunft von Jesus Christus ist der Schluss- und Höhepunkt der Heilsgeschichte Gottes.
2) Er wird sichtbar kommen, Israel retten und dieser Welt ein Ende machen.

3) Die ganze christliche Gemeinde wird dabei endgültig mit ihrem Herrn vereint.

Zum vertiefenden Gespräch

1) Wir sammeln die alttestamentlichen Verheißungen, die das Kommen des Messias in Herrlichkeit andeuten (Konkordanz benützen).
2) Was heißt:»Die Kräfte der Himmel werden ins Wanken kommen«?
3) Was ist das Gericht nach den Werken?

Bibeltexte

Matthäus 24,26-31; 25,31-46; Lukas 17,22-23; 21,28; 1. Korinther 15,51-52; 1. Thessalonicher 4,15-17; 1. Johannes 3,2; Sacharja 14,2-4; Offenbarung 20,12; 21,3.5

Vorschlag zur Bibelarbeit

Einleitung
Das Weltende ist nicht Untergang und Verderben, sondern Erfüllung und Neuschöpfung, denn: Jesus Christus kommt wieder

1) Jesus wird sichtbar wiederkommen
Darauf zielt Gottes Heilsplan hin, auf die Vollendung. Dies geschieht mit der Wiederkunft von Jesus. Alle Heilsvortäuschungen heute sind damit entlarvt. Er ist weder nur an bestimmten Orten noch in abgeschlossenen Gruppen. Jesus wird für alle Menschen sichtbar wiederkommen. Das»Zeichen des Men-

schensohns«, sein herrlicher Gottesglanz wird über der Erde auf-
strahlen. Die ganze Bibel zielt auf diesen Schluss- und Höhepunkt hin. Gott bringt seine Schöpfung und seine Geschöpfe
zur Vollendung in der Neuschöpfung. Wir als Christen reden
deshalb von der ewigen Zukunft. Jeder, der glaubt, wird an der
Herrlichkeit des Christus teilhaben. Ohne diese gewisse Hoffnung der Wiederkunft wäre alles sinnlos.

2) Die Glaubenden werden von ihm ewig angenommen

Mit der Wiederkunft wird auch die glaubende Gemeinde aller
Völker und Zeiten vollendet, mit ihrem Heiland und König
vereinigt. Alle anderen Menschen müssen wehklagen, denn jetzt
ist die Zeit der möglichen Rettung zu Ende. Die noch lebenden
Glaubenden werden durch die Engel zum Herrn gebracht, die
schon verstorbenen Gläubigen werden in der ersten Auferstehung auferweckt, und alle werden einen ewigen, herrlichen,
neuen Leib haben, dem Christus gleich sein. Das ist das Ziel
und die Erfüllung unserer Glaubenshoffnung. Auf ewig bei
Christus sein, ihm gleich in seiner Herrlichkeit. Dafür lohnt
sich aller Einsatz, alles Leiden und alles tätige Warten.

3) Das Böse wird für immer weggenommen

Der ganze von der Sünde und dem Tod gezeichnete Kosmos
wird durch die Neuschöpfung abgelöst. Christus wird aller Ungerechtigkeit und allem Bösen ein Ende bereiten. Im Weltgericht wird über alle Menschen aller Zeiten ein gerechtes Gericht
ergehen. Auch das Gericht nach den Werken hat das Verhältnis
des Menschen zu Jesus Christus als obersten Maßstab. Was
Menschen nämlich den Christen und Juden getan haben, haben
sie Jesus selbst getan, seinem Leib auf Erden. Der Ernst der
biblischen Botschaft: Es gibt eine ewige Verdammnis.

Schluss

Die Wiederkunft schließt die bisherige Weltgeschichte ab. Das Tausendjährigen Reich ist schon Vorschattung von Gottes Ewigkeit.

10. Wachet

In seiner Endzeitpredigt ruft Jesus immer wieder zum »Wachen« auf: »Darum wachet; denn ihr wisst nicht, an welchem Tag euer Herr kommt« (Mt 24,42). »Was ich aber euch sage, das sage ich allen: Wachet« (Mk 13,37)! **Wachet** Das meint zunächst ganz wörtlich »wach leben«, mit offenen Augen genau hinsehen, was in dieser Welt geschieht. Das griechische Wort hat einen breiten Bedeutungsumfang: »Aufwecken, erwecken, in Bewegung bringen, entzünden, ansagen, Wache halten.« Das Gegenteil von wachen ist nicht zuerst schlafen, sondern blind sein. Jesus nennt immer wieder gerade die frommen Juden Blinde. »Sie sind blinde Blindenführer! Wenn aber ein Blinder den andern führt, so fallen sie beide in die Grube« (Mt 15,14). Es geht also beim Wachen um mehr als äußeres Wachsein, um äußerliches Sehen. Genau hinsehen, sich informieren, das ist wichtige Voraussetzung, um verstehen und einordnen zu können. Das Fernsehen hat unsere äußere Wahrnehmung ein Stück weit verdorben. Oft sehen wir nur Ausschnitte, ausgewählte Bilder und werden so manipuliert und kommen zu falschen Schlussfolgerungen. Genau, ausführlich und von allen Seiten her ansehen, das bewahrt vor Verführung. Genau sehen, das heißt informiert sein. Nur so kann ich wirklich urteilen.

Wach leben, mit offenen Augen sehen, das geht aber noch tiefer. Paulus schreibt: »Wach auf, der du schläfst, und steh auf von den Toten, so wird dich Christus erleuchten« (Eph 5,14). Wer glaubt, lebt also als von den To- **Auferweckt leben** ten Auferstandener. Er hat eine neue Geburt, eine Wiedergeburt erfahren, wenn er zum Glauben gekommen ist, wie Jesus zu Nikodemus sagt: »Es sei denn, dass jemand von neuem geboren werde, so kann er das Reich Gottes nicht sehen«

(Joh 3,3). Petrus führt aus: »Denn ihr seid wiedergeboren nicht aus vergänglichem, sondern aus unvergänglichem Samen, nämlich aus dem lebendigen Wort Gottes, das da bleibt« (1. Petr 1,23), und Paulus bekräftigt: »Ist jemand in Christus, so ist er eine neue Kreatur« (2. Kor 5,17). »Wachet«, das ruft also die Jünger hinein in ihr neues Leben, das ihnen durch die Bekehrung geschenkt wurde. Lebe, was du bist!, so könnten wir formulieren. Dadurch bekommen wir Christen offene Augen, Einblick und Durchblick in dieser vergehenden Zeit, in dieser böser werdenden Welt. Wachen, auferweckt leben, das zieht uns auch zum Wort Gottes. Denn die Bibel ist lebendiges, Leben schaffendes Wort des ewigen Gottes.

Noch einmal Petrus: »Wiedergeboren … aus dem lebendigen Wort Gottes, das da bleibt« (1. Petr 1,23). Paulus schreibt ganz ähnlich: »So kommt der Glaube aus der Predigt, das Predigen aber durch das Wort Christi« (Röm 10,17). Und Jesus bittet im hohepriesterlichen Gebet nicht nur für seine Jünger, die sein Wort weitersagen, »sondern auch für die, die durch ihr Wort an mich glauben werden« (Joh 17,20). Die Bibel beschränkt sich nie nur auf Mitteilung, Information oder Wissensvermittlung. Das Wort Gottes ist wirkendes, Leben schaffendes Wort, das Menschen vom geistlichen Tod auferweckt und zu lebendigem Glauben führt. So ist auch die Endzeitpredigt von Jesus nicht in erster Linie Information über die Zukunft bis zum Weltende, sondern befreit aus der geistlichen Blindheit und führt hinein in ein vom Heiligen Geist geleitetes neues Leben mitten in dem anwachsenden Bösen.

Auferweckt durch das Wort Gottes

Das Wort Gottes ist schöpferisches Wort, so wie am Anfang der Welt: »Und Gott sprach: … Und es geschah so« (1. Mose 1,9)! David bekennt: »Wenn er spricht, so geschieht's; wenn er gebietet, so steht's da« (Ps 33,9). Ja, das Wort ruft erst ins Sein: »Gott … ruft das, was nicht ist, dass es sei« (Röm 4,17). Die Endzeitpre-

Das schaffende Wort

digt von Jesus ist auch solch ein schöpferisch wirkendes Wort.
Zuerst wirkt es an jedem, der es hört oder liest. Man kann eigentlich nicht bloß zur Kenntnis nehmen, was Jesus da sagt. Es
geht doch um die Zukunft, und das berührt und interessiert die
Menschen aufs Höchste. Auferweckt hören, im Glauben an Jesus Christus hören, dann wirkt dieses Wort an uns. Jesus gibt
uns darin Hoffnung und Trost. Ganz nüchtern redet er von
dem Schrecken, den Nöten, dem wachsenden Druck und dem
anschwellenden Bösen. Aber was zuvor gesagt ist, verliert zum
Großteil seinen Schrecken. »Siehe, ich habe es euch vorausgesagt« (Mt 24,25), sagt Jesus. Angekündigt damit, wenn dies alles
eintritt, seine Nachfolger erkennen, dass es zu Gottes Plan zur
Vollendung des Heils gehört. Dass Verführung, Verfolgung und
Katastrophen nicht das letzte Wort haben. Es sind »Wehen«,
Vorboten der Neugeburt, Geburtsschmerzen der Neuschöpfung. So schafft Jesus mit seiner Predigt vertieftes Vertrauen
und hoffende Freude mitten in allem Bösen, im Hinblick auf
die endgültige Vollendung. Wir Christen sind deshalb wie
Leuchttürme in dieser Zeit und Welt. Wort Gottes macht uns
dazu. Wir strahlen mit unserem Leben und Reden das Licht in
die sich ausbreitende Finsternis aus. Wir bezeugen: Gottes neue,
ewige Welt kommt. Gottes Heil, sein Heiland Jesus Christus
wird kommen und Heil schaffen. Er gibt Leben, das sich jetzt
schon lohnt, Leben, das die Ewigkeit in sich trägt, auferwecktes
Leben, das bei der Wiederkunft in Herrlichkeit vollendet wird.
Noch leben wir und die ganze Schöpfung im »Seufzen«, wörtlich: mit keuchendem, gepresstem Atem wegen der Bedrän-
gung, die uns die Atemluft abschnürt. »Wir selbst, die wir den
Geist als Erstlingsgabe haben, seufzen in uns selbst und sehnen
uns nach der Kindschaft, der Erlösung unseres Leibes« (Röm
8,23), so beschreibt Paulus das Sehnen der Christen. Doch es
bleibt nicht beim Seufzen, das Wort Gottes gestaltet uns und
führt uns immer wieder zum hoffenden Lob Gottes und seines
Sohnes Jesus Christus. Wir brauchen den Menschen heute nicht

vorzuspielen, wir hätten keine Ängste. Wir brauchen nicht so zu
tun, als stünden wir über allen Nöten. Dass wir als die Mit-
Seufzenden immer wieder den Atem zum Lob gewinnen, macht
unser Zeugnis vom kommenden Heil, vom Heiland, glaubwür-
dig. So sieht Paulus seinen Dienst und sein Leben als ein Zeugnis: »Wir (erweisen) uns als Diener Gottes: in großer Geduld, in
Trübsalen, in Nöten, in Ängsten, in Schlägen, in Gefängnissen,
in Verfolgungen, in Mühen, im Wachen …« (2. Kor 6,4-5),
und das gilt für alle Christen. Immer getragen von der Hoffnung
und der Gemeinschaft mit unserem Herrn, deshalb »als die
Sterbenden, und siehe, wir leben; als die Gezüchtigten und
doch nicht getötet; als die Traurigen, aber allezeit fröhlich; als
die Armen, aber die doch viele reich machen; als die nichts haben und doch alles haben« (V. 9-10). Das beschreibt gewiss
auch das Leben der Christen in unserer letzten Zeit. Und all
das schafft das Wort Gottes in uns und durch uns.

Doch viele Menschen lassen das Wort Gottes erst gar nicht an
sich heran. Jesus vergleicht die Generation vor seinem Kommen
deshalb mit der Generation Noahs. Als Gott das
Gericht ankündigte und Noah die Arche zur Rettung vor der Sintflut baute, lebten die Menschen
weiter in ihrer Bosheit. Leben nach eigenen Vorstellungen: »Sie aßen, sie tranken, sie heirateten und ließen sich
heiraten« (Mt 24,38). Ein Leben, das völlig auf das Äußere ausgerichtet ist. »Essen und Trinken« kann vom Griechischen her
auch ein maßloses, gieriges Fressen und Besäufnis bezeichnen.
Ein Leben in Saus und Braus – und mit Sex: Heiraten und
heiraten lassen, auch hier mit dem Beiklang: sich hemmungslos
paaren, dem Sex hingeben. Sie haben weder Blick noch Ohr für
Gottes Handeln und Stimme. Die Arche wurde öffentlich gebaut – sie beachteten es nicht. Die rettende Nachricht von Jesus
wird öffentlich verkündigt – sie beachten es nicht. »Beachten«
umfasst im Griechischen »zur Kenntnis nehmen, einordnen,
verstehen«, aber auch »Nähe, Gemeinschaft«, bis hin zur engs-

Viele beachten es
nicht

ten Verbindung, nämlich geschlechtliche Gemeinschaft haben.
Sie beachten es nicht. Gerade die Endzeitreden von Jesus, die
prophetischen Aussagen der Bibel und besonders das Buch der
Offenbarung werden heute selbst in Theologie und Kirche
kaum noch zur Kenntnis genommen. Wo wird heute in Gottesdiensten noch über die Wiederkunft von Jesus Christus gepredigt? Die Theologie hat diese Texte längst als zeitgebundene,
überhitzte Apokalyptik abgetan. Die Endzeitreden werden als
Reaktion der verfolgten Christen etwa zur Zeit Neros erklärt.
Angeblich legten sie diese Worte Jesus in den Mund, um sich
selbst Mut zu machen und Trost zu finden, einen tieferen Sinn
in den Nöten zu sehen, die sie durchlebten. Ähnliche abwer-
tende Töne gibt es auch gegenüber dem Buch der Offenbarung,
bis dahin, dass die Visionen nur auf Vorstellungen beruhten, die
damals im Mittelmeerraum bei allen Völkern verbreitet waren.
Sie beachten es nicht; hinter den bequemen Erklärungen steht
letztlich die Weigerung, Jesus als den Sohn Gottes, als den Retter und Erlöser anzuerkennen, die Ablehnung des Glaubens,
also Jesus nicht vertrauen zu wollen. In dieser Luft wird uns
das Atmen wahrlich schwer. Wir wollen immer wieder durch-
atmen lernen, und zwar in der klaren Luft des biblischen Wortes. Dieses Wort, das uns den langen Atem der Hoffnung gibt.

Wach leben, auferweckt leben, dazu ermahnt Jesus seine
Nachfolger. Im Gleichnis vom treuen und vom bösen Knecht
(Mt 24,45-51) erklärt er dieses Wachen genauer.

Der »treue und kluge Knecht, den der Herr über   Anderen zu essen
seine Leute gesetzt hat, damit er ihnen zur rechten   geben
Zeit zu essen gebe« (V. 45), damit sind alle die an-
gesprochen, die in der christlichen Gemeinde ihren Dienst tun.
Treue Knechte sind Mitarbeiter, die ganz auf Jesus vertrauen.
Sie sind klug, wörtlich »von gleicher Gesinnung«, wie Jesus
nämlich. Sie leben wie er, lassen sich durch seinen Geist gestalten in allem, was sie tun. Das gilt für jeden Dienst, ob in der
Arbeit mit Kindern, im Jugendkreis, in der Gemeindeleitung, in

der Verkündigung, oder in Verwaltung, Organisation und Dia-
konie. Sie tragen Verantwortung. »Sie geben zu essen«, so bezeichnet Jesus ihren Dienst. Im Dienst der Diakone ist das sogar
ganz wörtlich zu verstehen: sie dienten am Tisch, waren für die
tägliche Versorgung der Armen zuständig (vgl. Apg 6). Zu essen
geben meint darüber hinaus geistliche Speise; so sagte der Prophet Jeremia: »Dein Wort ward meine Speise, sooft ich's emp-
fing« (Jer 15,16). Und »zur rechten Zeit« heißt dann, wenn die
Gemeinde es besonders nötig hat, eben in den Bedrückungen
der Letztzeit und der zunehmenden Verführung. Dabei geschieht aller Dienst in der sehnenden Erwartung des wiederkommenden Herrn.

Ganz anders der böse Knecht (Mt 24,48). Sein Dienst hilft
nicht, im Gegenteil, er »fängt an, seine Mitknechte zu schlagen«
(V. 49), für »schlagen« auch wörtlich »wegstoßen,

**Andere nicht
bedrücken**
verletzen, übel behandeln«. Das ist Missbrauch
von Macht. Das gibt es auch in der christlichen
Gemeinde. Unverantwortlicher Dienst in der Gemeinde hat seine Wurzel im Ausblenden der Wiederkunft von
Jesus: »Wenn aber jener als ein böser Knecht in seinem Herzen
sagt: Mein Herr kommt noch lange nicht« (V. 48), dann fehlt
die Grundlage, um in der Verantwortung vor Jesus und in seiner
Gesinnung hilfreichen Dienst in der Gemeinde zu tun. Ein
christlicher Mitarbeiter, der Jesus nicht erwartet, verfällt dem
Vergänglichen. Wach leben heißt also, in der Erwartung des
kommenden Herrn sorgsam den aufgetragenen Dienst in der
Gemeinde zu tun, wie Jesus schon zu Petrus gesagt hat: »Weide
meine Schafe« (Joh 21,17). Für die Herde Gottes, seine Gemeinde, zu sorgen und sie so dem wiederkommenden Oberhir-
ten Jesus entgegenzuführen, das ist rechtes Wachen, auferweckt
leben.

Um waches Leben geht es auch im Gleichnis von den anvertrauten Pfunden (Mt 25,14-30). Jesus hat jedem Jünger Gaben
anvertraut, mit denen sie ihm ganz dienen sollen. »Zentner« ist

ein Maß für eine sehr große Geldsumme, griechisch »Talente«,
etwa 50 000 Euro. Diese Talente (Paulus nennt sie »Charis-
men«, Gnadengaben) sollen eingesetzt werden.
Nicht jeder bekommt gleich viel, sondern »nach   Anvertraute Gaben
seiner Tüchtigkeit« (V. 15), also nach seinem Kön-
nen. Jesus überfordert niemand, aber er fordert entschiedenen
Einsatz. »Handelt damit, bis ich wiederkomme« (Lk 19,13), das
ist seine Erwartung. Diesen Auftrag erteilt der Herr, »der außer
Landes ging« (V. 14). Jesus ging zum Vater. Der Auftrag gilt bis
zu seiner Wiederkunft (vgl. V. 19).
    Seine Bevollmächtigten handeln – so auch wir Christen. Sie
gewinnen dazu. »Gewinnen« bezieht sich im Neuen Testament
auch darauf, Menschen für Jesus zu gewinnen
(2. Kor 5,11). Das Anvertraute ist zuerst das Evan-   Gewinnen
gelium. Es zu verkündigen und so Menschen zu
gewinnen, für Jesus aufzuschließen, ist und bleibt der wichtigste
Auftrag jedes Christen. Wachen, auferweckt leben, das heißt für
uns Christen, Jesus Christus zu bezeugen, und Menschen zu
Jüngern zu machen.
    Aber der dritte Knecht »ging hin, grub ein Loch in die Erde
und verbarg das Geld seines Herrn« (Mt 25,18). Er ging hin,
genauer: Er ging weg! Er will den Auftrag nicht
ausführen, sondern geht seinen eigenen Weg nach   Vergraben
seinem Wünschen und Wollen. Er bleibt dem Na-
men nach wohl ein Christ, aber dient Jesus nicht mehr. Jesus
nennt ihn »böser und fauler Knecht« (V. 26), ein unbrauchbarer
und furchtsamer, feiger Nachfolger. Er vergräbt die Botschaft, er
schweigt. Vielleicht scheut er die Angriffe, die Bedrückung und
Verfolgung, die einen Zeugen von Jesus zu allen Zeiten treffen.
Dahinter steht vor allem das Misstrauen gegen Jesus. Er sieht in
ihm einen »harten« Mann (V. 24), im Griechischen schwingt da
»austrocknen, ausnützen, bedrücken« mit. Genau den Blick,
den die Schlange im Paradies in Evas und Adams Herz pflanzte:
Gott nutzt dich aus. Er meint es nicht gut mit dir. Du bist ihm

ausgeliefert. Damit wird deutlich: Dieser Christ war im Herzen nicht mit der Liebe von Jesus erreicht worden, hat seiner alten Natur gemäß weitergelebt, ist ein »alter Adam« geblieben. Vergleichbar dem Jünger Judas Iskariot, der drei Jahre mit Jesus lebte, aber sich nicht verändern ließ. Sein Herz hing am Geld und so wurde er zum Verräter.

Jesus beurteilt den Dienst seiner Jünger. Es geht dabei nicht um das letzte Weltgericht, sondern um das »Gericht nach Werken«, bei dem jeder Jünger seinen Lohn empfangen wird (vgl. 2. Kor 5,10). Lohn gibt es nicht nach Verdienst, sondern aus Gnade (vgl. Mt 20,10-14). Denn der Herr gibt sowohl die Gaben als auch durch seinen Heiligen Geist die Kraft zum Handeln. Gefragt ist allerdings die Treue des Knechts und seine Hingabe. Der eigentliche Lohn besteht in der ewigen Seligkeit: »Geh hinein zu deines Herrn Freude« (Mt 25,21.23). Du bist eingeladen, am Freudenmahl deines Herrn teilzunehmen. Und »ich will dich über viel setzen« (V. 21.23), sagt der Herr. Der treue Knecht wird mit seinem Herrn regieren. Lukas verdeutlicht: »Du (sollst) Macht haben über zehn Städte« (Lk 19,17). Auch in der Ewigkeit wird es also verschiedene Beauftragungen geben.

Lohn erhalten

Allerdings kann ein Christ seinen Platz im Himmelreich auch verlieren. Das wird an dem Urteil über den dritten Knecht deutlich: »Werft (ihn) in die Finsternis hinaus, da wird sein Heulen und Zähneklappern« (Mt 25,30). So ernst mahnt Jesus seine Jünger. Wenn dieser sich Christ nannte, aber das biblische Zeugnis verschwieg oder gar verfälschte, womöglich Menschen verführte, wird er nicht im Gottesreich sein. Unser ganzes Leben und Arbeiten als Christen geschieht im Hinblick auf den wiederkommenden Christus und sein Urteil über mich. Das Urteil über den dritten Knecht soll aber nun nicht bei von Natur aus zaghaften Menschen falsche Ängste auslösen. Eine junge Frau hatte sich für die Mitarbeit beim Besuchsdienst der Gemeinde gemeldet. Nach einiger Zeit

Verworfen werden

kommt sie zum Pastor und gesteht ein:»Ich kann das nicht.
Jedes Mal, wenn ich vor einer Haustür stehe, bibbere ich vor
Angst und Mutlosigkeit.«Der Pastor tröstet sie:»Dann suchen
wir einen anderen Dienst für Sie.«Heute ist sie eine fröhliche
Mitarbeiterin im Kindergottesdienst. Nicht, wie viel und was
wir tun, ist entscheidend, sondern dass wir nach unseren Fähig-
keiten treu dienen und dabei völlig auf Jesus vertrauen.

Wachen heißt auch, die Botschaft von Jesus glauben und
weitersagen, solange es geht:»Himmel und Erde werden vergehen; aber meine Worte werden nicht vergehen«
(Mt 24,35).»Vergehen«kann»vorbeigehen, ent-   Seine Worte
schwinden, nicht mehr da sein«bedeuten. Das   vergehen nicht
wird mit dieser Schöpfung geschehen. Im Blick
auf unser menschliches Leben betet Mose:»Es fährt schnell
dahin, als flögen wir davon«(Ps 90,10). Eine ganz andere Qualität haben die Worte von Jesus Christus, ja, die ganze Bibel als
Gottes Wort. Seine Worte vergehen nicht, werden nicht vergessen und entschwinden nicht. Gottes Worte haben die Kraft,
Leben zu schaffen und gestalten die ganze Geschichte. Sein
Wort wirkt. Die indischen Christen der Nethanja-Kirche in
Südindien bitten immer wieder dringend um Bibelarbeiten
über die Endzeitreden von Jesus und das Buch der Offenbarung. Sie leben mittendrin in dem, was Jesus hier predigt.
Schlimme Verfolgung, täuschende Verführung, Hungersnöte,
Naturkatastrophen. Für sie ist die Endzeitpredigt tägliche Wirklichkeit. Und da entfaltet das Wort von Jesus seine Kraft. Sie
gewinnen Mut zum Zeugnis in aller Bedrückung, erfahren
Trost in allen Nöten und werden angesteckt mit Hoffnung
durch die Zusage des Herrn, dass er wiederkommt. Sie sind
wache Christen, klammern sich vertrauend an Jesus, nehmen
sein Wort ganz ernst und werden so zum Zeugnis für ihre Umwelt. Gerade als verfolgte und bedrückte Gemeinde erleben sie
so ein ungeahntes Wachstum und gewinnen Menschen für Jesus.

All das schafft das auferweckende, ansteckende und in Bewegung setzende biblische Wort mit seiner Zielverheißung; »Siehe, ich komme bald; halte, was du hast, dass niemand deine Krone nehme« (Offb 3,11).

Kurz zusammengefasst

1) Jesus ruft seine Gemeinde in der Endzeit zu einem wachen Leben.
2) Wach leben heißt, vom Wort Gottes wiedergeboren, im treuen Dienst mit den anvertrauten Gaben für Jesus wirken und auf ihn warten.
3) Das Wort Gottes, die Bibel, bleibt in Ewigkeit und schafft Ewigkeit.

Zum vertiefenden Gespräch

1) Wie sieht ein waches Leben aus?
2) Welche Gaben hast du?
3) Welcher Lohn wartet auf uns?

Bibeltexte

Matthäus 24,25.35.38-39.42.45-51; 25,14-30; Römer 8,23; 2. Korinther 5,10-11; 6,4-5.9-10

Vorschlag zur Bibelarbeit

Einleitung
Das Wort Gottes ist Schöpferwort. Gott schafft, was er sagt.

1) Wach leben

Wach leben, das meint auferweckt leben, wiedergeboren durch den Heiligen Geist und das Wort Gottes. Drei wichtige Bibelstellen: a) Psalm 33,9 »Wenn er spricht, so geschieht's, wenn er gebietet, so steht's da«, b) Römer 4,17 »Gott, der ruft das, was nicht ist, dass es sei« und c) Römer 10,17 »So kommt der Glaube aus der Predigt, das Predigen aber durch das Wort Christi.« Das Gegenteil von Wachen ist blind sein, nicht auf Gottes Handeln achten. Die Generation von Noah: Sie beachteten Noahs Zeichen nicht. Bis heute kümmern sich viele Menschen nicht um ihre Rettung, suchen nicht die Gemeinschaft mit Jesus. Viele tun die biblische Lehre von der Endzeitpredigt als religiöse Spinnerei ab.

2) Treu dienen

Wach leben, das heißt in der christlichen Gemeinde leben und ihr dienen. Als gute Hirten für die Herde sorgen. Die Gemeinde soll auf die Wiederkunft von Jesus vorbereitet werden. Bleibender Dienst ist jede Art von Verkündigung des Evangeliums. Es geht darum, Menschen für Jesus zu gewinnen. Die Gaben, auch die Geistesgaben, sind letztlich Missionsgaben, ausgeübt unter der übergeordneten Gabe des Wortes Gottes, der Bibel. Dabei überfordert Jesus keinen. Welch ein Trost: »Jedem nach seinem Können.« Aber Faulheit und Feigheit können zum Verlust des Heils führen.

3) Lohn empfangen

Jesus beurteilt den Dienst jedes Jüngers. Wir kommen nicht ins Endgericht, aber in ein Gericht über die Werke. Es geht nicht um Verdienst und Lohn – ich kann mir nie das Heil verdienen – es geht um einen Lohn aus Gnade. Gott hat mir Gaben anvertraut: Was habe ich damit gemacht, was konnte der Geist Gottes mit mir bewirken? Dienst für Jesus ist geistgewirkter, geistgeleiteter Dienst. Der eigentliche Lohn ist die ewige Freude an

Gott in seinem Reich. Es gibt auch im Himmel noch verschiedene Beauftragungen. Deshalb freuen wir Christen uns auf dieses Gericht, denn der Herr wird uns loben und überreich belohnen.

Schluss

Wer mit Jesus lebt, der Bibel vertraut, hat Anteil an Gottes Ewigkeit und Herrlichkeit.

11. Gericht nach Werken und Glauben

Mit dem Blick auf das Weltgericht schließt Jesus seine Endzeitrede. Dabei wird deutlich, dass es nicht um das Gericht über seine Gemeinde geht. Das hat der Herr seinen Jüngern schon früh gesagt: »Wer mein Wort hört und glaubt dem, der mich gesandt hat, der hat das ewige Leben und kommt nicht in das Gericht, sondern er ist vom Tode zum Leben hindurchgedrungen« (Joh 5,24). Dem Pharisäer Nikodemus sagt er zu: »Wer an ihn (den Sohn Gottes) glaubt, der wird nicht gerichtet« (Joh 3,18).

Nicht für die Glaubenden

Allerdings kann auch ein Glaubender sein Heil, seine Rettung, das ewige Leben noch verlieren. In den zwei Gleichnissen von den Knechten (Mt 24,45 ff; 25,14 ff) wird das von Jesus mahnend ausgesprochen. Den Knecht, der das Warten auf die Wiederkunft wegschiebt (Mt 24,48), andere unterdrückt und ausschweifend lebt, trifft das harte Urteil: »Er wird ihn in Stücke hauen lassen und ihm sein Teil geben bei den Heuchlern; da wird sein Heulen und Zähneklappern« (V. 51). Jesus warnt die Heuchler, die so tun als ob, die nicht in der vertrauenden Gemeinschaft mit Jesus leben. So sagt der auferstandene Herr von der Gemeinde in Sardes: »Du hast den Namen, dass du lebst, und bist tot« (Offb 3,1). Auch der Knecht, der das Talent vergräbt, lebt nicht mehr mit und für seinen Herrn. Übertragen bedeutet das auch: Er will nicht öffentlich Zeuge für Jesus sein. Für ihn ist Jesus ein harter Herr, ein kaltherziger Ausbeuter. Krasser kann ein Mensch Jesus nicht verkennen. Dieser Knecht hat kein Vertrauen, keine Liebe und erwartet keine Barmherzigkeit. Deshalb verliert er sein Heil. Jesus urteilt: »Den unnützen Knecht werft in die Finster-

Das Heil verspielen

nis hinaus; da wird sein Heulen und Zähneklappern« (Mt 25,30).

Die christliche Gemeinde kommt nicht in das Endgericht. Christen werden auch gerichtet, allerdings von ihrem Herrn Jesus im sogenannten »Preisgericht«. Dabei geht es

Das Preisgericht nicht darum, angenommen oder verworfen zu werden. Wer »in Jesus ist«, ihn als Retter bekennt und ihm vertraut, ist für Zeit und Ewigkeit gerettet. Christus beurteilt jedoch unsere Lebensführung. Das ist nicht unwichtig, denn schließlich ist das Teil unserer Würde: Nichts, was in unserem Leben gewesen ist, was wir gedacht, gesagt oder getan haben, ist belanglos. Damit gibt Gott uns Würde, er nimmt uns als Person ernst, jeden Einzelnen individuell. »Wir müssen alle offenbar werden vor dem Richterstuhl Christi« (2. Kor 5,10), schreibt Paulus. »Wir müssen« bedeutet eigentlich »es ist nötig«: um unserer Würde willen. So wertvoll ist mein ganzes Leben, jeder einzelne Tag, jede einzelne Stunde, dass sie vor Jesus in der Ewigkeit wieder erscheint und von ihm beurteilt und bewertet wird. »Was er getan hat bei Lebzeiten« (V. 10) wird von Jesus aufgerollt.

Unser Tun liegt vor Jesus offen. Das griechische Wort für »tun« heißt auch »schaffen, hervorbringen, bewirken«. Es geht nicht um eine neutrale Tatsachenaufnahme. Was

Das Tun wird offenbar ich in einem umfassenden Sinn hervorbringe, beinhaltet sowohl Auswirkungen als auch meine Motive. Also erstens: Was hat mein Tun bewirkt, auf welchen Zweck, welches Ziel war mein Handeln ausgerichtet? Habe ich anderen geholfen und Orientierung gegeben? Oder habe ich andere geschädigt oder sogar vom Glauben weggetrieben? Zweitens: Was hat mich bei meinen Taten angetrieben? Wo hat Streben nach eigener Ehre mein Handeln bestimmt? Wo war Eigensucht im Spiel, wo Menschenfurcht, wo Leistungsdenken? Alles wird jetzt »offenbar«, das heißt, klar ohne jede Verhüllung, ganz durchschaubar. In diesem Gericht

werden wir tief beschämt vor Jesus stehen. Es wird sehr deutlich
werden, dass auch bei uns Gotteskindern viel Unnützes, Schäd-
liches und Schuldhaftes im Leben vorkommt.

Vieles von dem oben Genannten kann man auch als »böse
Taten« bezeichnen. Dabei ist »böse« hier zunächst keine mora-
lische Kategorie, sondern eine Qualitätsaussage.

»Böse« bedeutet auch »nichtig, vergehend, kaputt-   Böse Taten
gehen, kaputtmachen«. Das griechische Wort für
»böse«, *faulos*, enthält einen Hinweis auf das deutsche Wort
»faulen«. Böse Taten sind also Werke, die vergehen, die keine
Dauer haben; Werke, die kaputtgehen und kaputt machen. Vor
dem Richterstuhl von Jesus Christus werden unsere Werke geprüft, wie mit Feuer. Paulus schreibt: »Wenn aber jemand auf
den Grund (Jesus Christus) baut Gold, Silber, Edelsteine, Holz,
Heu, Stroh, so wird das Werk eines jeden offenbar werden. Der
Tag des Gerichts wird's klarmachen; denn mit Feuer wird er sich
offenbaren. Und von welcher Art eines jeden Werk ist, wird das
Feuer erweisen. Wird jemandes Werk bleiben, das er darauf gebaut hat, so wird er Lohn empfangen. Wird aber jemandes
Werk verbrennen, so wird er Schaden leiden; er selbst aber
wird gerettet werden, doch so wie durchs Feuer hindurch« (1.
Kor 3,12-15). Böse Werke halten der Echtheitsprüfung, nicht
stand. Sie verbrennen. Das wird viele Christen tief beschämen.
Aber sie bleiben ewig gerettet, »doch so wie durch Feuer«. In
diesem Gericht leuchtet gerade in diesem schmerzhaften Verbrennen das »Allein aus Gnade, allein durch den Glauben«,
sehr deutlich auf.

Keiner wird durch seine Werke vor Gott gerecht. Auch der
nicht, dessen Werke im Feuer Bestand haben, als gut befunden
werden. Auch »gut« ist nicht zuerst moralisch ge-
meint, sondern meint eine Qualität, ja ein Gesche-   Gute Werke
hen, das mit »wachsen, reifen, bereit für etwas«
wiedergegeben werden kann. Gute Werke sind Taten, die eine
segensreiche Wirkung entfalten, die anderen wirklich helfen, die

bereit machen für die Vollendung im Gottesreich. Paulus nennt sie »Frucht des Geistes« (Gal 5,22). Damit ist auch klar, dass es nicht eigentlich unsere Werke sind, sondern Werke, die der Geist Gottes mit uns und durch uns wirken konnte. Ich werde nicht stolz und selbstbewusst mit meinen Werken vor Jesus stehen, sondern demütig und staunend, wie er mich trotz meiner Schwachheit gebrauchen konnte. Es war nicht meine Motivation, es war das Treiben des Heiligen Geistes in mir, zu dem ich willentlich Ja gesagt habe.

Deshalb wird der Lohn, den jemand wegen guter Werke empfängt, nicht aufgrund von Verdienst oder Leistung gewährt, sondern aus Gnade. Ein Beispiel kann dies veranschaulichen: Ein kleiner Junge kommt zur Mama: »Mama, du hast doch bald Geburtstag?« »Ja«, antwortet die Mutter. »Kannst du mir zwei Euro schenken?« Die Mutter lächelt und gibt ihm das Geld. Am Geburtstag kommt strahlend der Kleine und schenkt der Mama zwei Tafeln Schokolade, seine Lieblingsschokolade, die er von dem Geld gekauft hat. Die Mutter freut sich und sagt: »Danke, dass du mir so eine Freude machst, ich schenke dir eine Tafel Schokolade zurück.« Das ist Lohn aus Gnade. Auch im Gericht nach Werken wird unsere Gerechtigkeit durch Glauben bestätigt, wie Paulus schreibt: »So halten wir nun dafür, dass der Mensch gerecht wird ohne des Gesetzes Werke, allein durch den Glauben« (Röm 3,28).

In dem Weltgericht, das Jesus in seiner Endzeitpredigt ankündigt, geschieht das Gericht auch nach den Werken. Die Endzeitrede ist Lehre zunächst für Christen; deshalb blickt Jesus besonders auf die Werke, die sie an seinen Brüdern tun. »Was ihr getan habt einem von diesen meinen geringsten Brüdern, das habt ihr mir getan« (Mt 25,40). Jesus nennt nicht alle Menschen seine Brüder, sondern nur seine Jünger, also die Christen durch alle Zeiten hindurch, und seine Volksgenossen. Die Israeliten sind von Natur aus Brüder von Jesus, denen seine ganze

Lohn aus Gnade

Liebe und sein tiefes Mitleiden gilt. »Als er das Volk sah, jammerte es ihn« (Mt 9,36), wörtlich: Es drehten sich ihm die Eingeweide um. Bis ins Körperliche leidet Jesus mit seinen Brüdern. Deshalb stellt er sich bedingungslos zu Israel: Was ein Jesus-Jünger an einem Juden tut, das gilt wie an Jesus selbst getan. Dasselbe gilt auch für das Verhalten seinen Nachfolgern gegenüber: Wer ihnen Gutes tut, bereitet Jesus selbst etwas Gutes. Welchen Wert, welche Würde hat Israel, Gottes erste Liebe, dem er durch alle Verirrungen hindurch treu geblieben ist. Genauso die Christen, der sichtbare Leib von Jesus in dieser Weltzeit. Das ist wirklicher Trost für das verfolgte Israel und für die hart bedrängte christliche Gemeinde. Jesus stellt sich untrennbar zu ihnen und sieht jede Tat an ihnen.

Doch auch wenn es hier um gute Werke geht, bleibt der Maßstab unverrückt bestehen: Jesus allein und allein aus Glauben, das ist die letzte Grundlage der Beurteilung. Zwar fragen die Angeredeten: »Wann haben wir dich hungrig gesehen …?« (Mt 25,37). Sie haben nicht bewusst für Jesus gehandelt. Aber doch an den Juden, weil sie Gottes Volk sind, und an den Christen, weil sie Nachfolger von Jesus sind. Bei anderer Gelegenheit sagt Jesus: »Wer einem dieser Geringen auch nur einen Becher kalten Wassers zu trinken gibt, weil es ein Jünger ist, wahrlich, ich sage euch: Es wird ihm nicht unbelohnt bleiben« (Mt 10,42). »Weil er ein Jünger ist«, Markus noch deutlicher: »Weil (er) Jesus angehört« (Mk 9,41). Auch wenn diese Menschen Jesus nicht klar erkannt haben, haben sie Gutes getan und halfen Juden und Christen im Bewusstsein, dass diese in einer speziellen Beziehung zu Gott stehen.

Es sind sowohl große Anstrengungen als auch einfache Taten menschlicher Barmherzigkeit, die manche Menschen tun – und andere bewusst nicht tun, eben weil sie mit Juden und Christen und damit mit Christus nichts zu tun haben wollten. »Ich bin hungrig gewesen und ihr habt mir zu essen gegeben« (Mt

25,35). Von den schweren Angriffen gegen die Christen in
Orissa im August 2008 waren über 30 000 Christen betroffen.
Sie wurden von ihren Hütten und Feldern vertrieben, doch mitleidende Hindus gaben ihnen zu essen, obwohl der Dorfrat jeden mit 700 Rupien be-
strafte, der auch nur mit einem Christen sprach.
Sie ließen sie an ihren Brunnen Wasser holen, obwohl jedem,
der Christen half, der Ausschluss aus der Dorfgemeinschaft an-
gedroht wurde. »Ich bin ein Fremder gewesen« (V. 35). Als während der Hitlerdiktatur die Juden erbarmungslos gejagt wurden,
gab es in vielen Ländern Menschen, die Juden aufgenommen
und versteckt haben, bei ständiger eigener Lebensgefahr. »Ich
bin nackt gewesen und ihr habt mich gekleidet« (V. 36), auch
dafür gibt es unzählige Beispiele in den Judenverfolgungen, wie
Menschen die Ausgeplünderten mit dem Notwendigsten versorgt haben. »Ich bin krank gewesen und ihr habt mich besucht«
(V. 36). In der früheren Sowjetunion war die Gesundheitsfür-
sorge kostenlos. Aber Christen wurden nicht behandelt. Es gab
Ärzte, die sie trotz strenger Verbote heimlich besucht und behandelt haben. »Ich bin im Gefängnis gewesen und ihr seid zu
mir gekommen« (V. 36). In Nordkorea sind heute Tausende
Christen in Konzentrationslagern eingesperrt. Immer wieder
aber kommt es vor, dass Nachbarn, Arbeitskollegen oder Bekannte diese Gefangenen aufsuchen und ihnen zeigen, dass sie
nicht vergessen sind. Gerade in der zunehmenden Verfolgung
Israels und der Gemeinde in der letzten Zeit werden solche Hilfeleistungen immer nötiger, aber auch immer gefährlicher für
die, die sie tun. Doch alle, die Juden oder Christen Gutes tun,
werden dafür von Jesus selbst belohnt werden (Mk 9,41). Und
wer selbst zu Jesus gehört, wird das Urteil hören: »Kommt her,
ihr Gesegneten meines Vaters, ererbt das Reich, das euch bereitet ist von Anbeginn der Welt!« (V. 34).

Der auferstandene Christus zeigt Johannes im Buch der Offenbarung dieses letzte Gericht umfassend: Vor dem großen

Werke der Barmherzigkeit

weißen Thron des Weltenrichters müssen alle Menschen, die je
gelebt haben, erscheinen. Dem geht die Auferweckung aller
Verstorbenen voraus, die Auferstehung zum Ge-
richt. Das geschieht am Ende der Weltgeschichte,   Vor dem Richter
am Ende der Zeit. Der alte Himmel und die alte
Erde sind schon vergangen. Nur noch der Weltenrichter und
die Menschen stehen da. Niemand kann sich mehr irgendwo
verstecken, denn »vor seinem (des Richters) Angesicht flohen
die Erde und der Himmel, und es wurde keine Stätte für sie
gefunden« (Offb 20,11). Selbst hierbei wird die einzigartige
Würde jedes von Gott geschaffenen Menschen deutlich. Jeder
ist es wert, dass sein Leben vor dem Richter beurteilt wird.

»Und die Toten wurden gerichtet nach dem, was in den Büchern geschrieben steht, nach ihren Werken« (Offb 20,12). Jede
Tat, jedes einzelne Wort, jeder verborgene Ge-
danke steht in den Büchern, in den Lebensge-   Gericht nach dem,
schichten der einzelnen Menschen. Nichts ist ver- was in den Büchern
gessen oder untergegangen. Jesus sagt: »Ich sage geschrieben steht
euch aber, dass die Menschen Rechenschaft geben
müssen am Tage des Gerichts von jedem nichtsnutzigen Wort,
das sie geredet haben« (Mt 12,36). Alles wird aufgedeckt und
offenbar werden. Auch hier ist ein tröstlicher Gedanke enthal-
ten: Kein Unrecht, kein Verbrechen, keine böse Tat bleibt un-
entdeckt und damit ungerichtet. Vor dem Thron Gottes bleibt
nichts verborgen. Dieses Gericht geschieht aufgrund der Werke
und zieht die Verdammnis nach sich.

Anschließend wird mit deutlichen Bildworten die schreckliche Wirklichkeit der Gottesferne beschrieben: »Geworfen in
den feurigen Pfuhl« (Offb 20,15), wörtlich »in die
Niederung, den tiefen Schlund der Flammen …«:   Der feurige Pfuhl
Doch es handelt sich nicht um ein Vernichtungs-
feuer. Jesus warnt ausdrücklich: »… wo ihr Wurm nicht stirbt
und das Feuer nicht verlöscht« (Mk 9,48). »Der Wurm« bedeutet das Gewürm, das an einem Leichnam nagt. Übertragen be-

deutet das, dass der Gram, das Heil verspielt zu haben, ewig weiternagt. Am Ort der ewigen Verdammnis ist der Verlorene bei vollem Bewusstsein und es bleibt ihm nichts als »Heulen und Zähneklappern« (Mt 24,51), also die Selbstanklage und Wehgeheul über das verpfuschte Leben und das Durchleiden der Qualen. Jesus übernimmt dieses Bild vom ewigen Gericht aus Jes 66,24 und mildert es nicht ab. Der feurige Pfuhl soll nicht Schrecken und Angst verbreiten, wohl aber den Ernst der Verdammnis verdeutlichen. Niemand geht ungewarnt in den feurigen Pfuhl. Doch es ist unbedingt nötig, die klaren, biblischen Mahnungen ernst zu nehmen und zu verkündigen, damit sie Menschen vor eine Entscheidung für Jesus stellen und Gottes Gnade nicht billig erscheint. Das Gericht achtet die Würde, die Entscheidungsfreiheit jedes Menschen. Jeder Mensch bekommt letztlich das, was er will. Der Glaubende das Leben in ewiger Gottesgemeinschaft, der, der Jesus und Gott bewusst ablehnt, die ewige Gottesferne.

Die Verdammnis wird ewig sein. Dennoch lesen manche Ausleger aus anderen biblischen Formulierungen heraus, dass die Gerichteten nach Äonen wieder von Gott angenommen werden. Die Bibel liefert einige karge Hinweise, die diesen Gedanken stützen. Aber was nicht eindeutig ist, sollen wir ganz gewiss nicht als Lehre verkündigen. Die Annahme einer Allversöhnung oder Wiederbringung aller Dinge darf dem Ernst des biblischen Zeugnisses nicht die Spitze abbrechen oder die Notwendigkeit der persönlichen Glaubensentscheidung abschwächen. Dennoch darf man sich die Frage stellen: »Könnte oder wollte jemand Gott einen Vorwurf machen, wenn er sich nach Ewigkeiten doch seiner verworfenen Geschöpfe erbarmen würde?«

Allversöhnung?

Die Lehre vom Endgericht und vom doppelten Ausgang der Weltgeschichte in Gnade und Gericht, durchzieht die ganze Bibel, und Jesus bestätigt das Wort für Wort. Aber eines ist noch ganz entscheidend wichtig. Das Gericht vollzieht nicht irgendein neutraler, unbeteiligter Richter. Jesus selbst ist der Richter. Gott der Vater hat dem Sohn »Vollmacht gegeben, das Gericht zu halten, weil er der Menschensohn ist« (Joh 5,27). Dem Menschensohn, gerade dem, der uns   Jesus ist der Richter Menschen gleich wurde. Er hat unser Leben mitgelebt und durchlitten. Er hat in seiner unfassbar großen Liebe zu uns Menschen alle unsere Schuld durch seinen Tod am Kreuz gesühnt. Er, Jesus Christus, dessen Herz vor Liebe zu den Menschen brennt, er ist der Richter. Ein Richter, dessen Herz jedem nachtrauert, den er nach seinen Werken, in seinem Unglauben verurteilt. Er selbst ist der Maßstab des Gerichts.

Die Verheißung steht fest: Wer im Buch des Lebens aufgeschrieben ist, ist auf ewig gerettet. Jeder, der an Jesus Christus glaubt, ihm ganz vertraut, der steht   Das Buch des Lebens in diesem Buch des Lebens, der wird am vollendeten ewigen Leben teilhaben.

Kurz zusammengefasst

1) Die Glaubenden werden vor dem Richterstuhl von Jesus stehen und einen Lohn aus Gnade erhalten.
2) Christen wie Nichtchristen werden dafür belohnt, was sie Juden und Christen Gutes getan haben.
3) Jeder einzelne Mensch wird nach seinen Werken gerichtet, doch wer auf Jesus vertraut, geht nicht in die ewige Verdammnis, sondern wird in Gemeinschaft mit Gott ewig leben.

Zum vertiefenden Gespräch

1) Welche Hilfe können wir heute Israeliten geben?
2) Was müssen Menschen über Gottes Gerichte wissen?

3) Was heißt »Lohn aus Gnade«?

Bibeltexte

Matthäus 10,42; 24,45-51; 25,31-46; 1. Korinther 3,12-15;
2. Korinther 5,10; Offenbarung 20,11-15

Vorschlag zur Bibelarbeit

Einleitung
Die Frage nach dem Lohn ist durchaus biblisch

1) Der Lohn aus Gnade
Die Glaubenden kommen nicht in das Endgericht. Sie werden
aber vor dem Richterstuhl von Jesus Christus stehen und nach
ihren Werken gerichtet. Alle Auswirkungen und Motive des
Handelns werden ganz aufgedeckt. Da wird auch manches ans
Licht kommen, was eigensüchtig war, anderen Menschen geschadet hat oder vor Gott keinen Bestand hat. Da wird es auch
tiefe Beschämung geben. Aber auch demütige, staunende
Freude darüber, was Jesus aus und mit uns durch seinen Heiligen Geist tun konnte. Den Lohn dafür gibt Gott aus Gnade,
nicht aufgrund des Verdienstes. Dafür steht auch das Beispiel
von dem Jungen und der Schokolade für die Mutter. Wir werden nicht durch unsere Werke gerettet.

2) Der Lohn
Für die Beurteilung der Menschen im Endgericht ist eine wichtige Frage, was sie für Juden und Christen getan haben, die ja
auf verschiedene Weise seine Brüder sind. Einfache Werke der
Barmherzigkeit werden Israel und der Gemeinde besonders in
der Verfolgungszeit helfen. Christen wie Nichtchristen, die hier

Gutes getan haben, empfangen dafür eine Belohnung. So groß ist die Würde Israels und der Gemeinde. Jesus Christus stellte sich rückhaltlos zu ihnen. Das Verhalten ihnen gegenüber und damit im Tiefsten zu Jesus hat Auswirkungen bis in die Ewigkeit.

3) Der Lohn der Werke

Das Endgericht über alle Menschen ergeht nach dem »Buch des Lebens« und nach ihren Werken. Nichts bleibt im Verborgenen. Alle Ungerechtigkeit, alles Böse, alle Verbrechen sind nicht vergessen, sondern werden im Endgericht erwähnt und gesühnt. Auch hier gilt: Jeder einzelne Mensch ist so wertvoll, dass jede Stunde, jeder Tag seines Lebens vom Richter ernst genommen wird. Es gibt die ewige Verdammnis, aber jeder kann vorher hören und entscheiden. Allein der Glaube an Jesus Christus rettet vor dem Verderben.

Schluss

Selig ist, dessen Name im Buch des Lebens aufgeschrieben ist.

12. Ich habe es euch vorausgesagt

Die Endzeitreden sind die Zukunftsprophetien von Jesus Christus. Als Sohn Gottes ist er von Gott bevollmächtigt. Seine Worte haben wirkende Kraft. Darum erfolgen die schärfsten und meisten Angriffe des Satans gegen Gottes Wort. Damit hat er schon im Paradies mit seiner Fangfrage angefangen:»Sollte Gott gesagt haben …?«Die christliche Gemeinde hat eine einzige Angriffswaffe:»Das Schwert des Geistes, welches ist das Wort Gottes«(Eph 6,17), und der Hebräerbrief erläutert:»Das Wort Gottes ist lebendig und kräftig und schärfer als jedes zweischneidige Schwert und dringt durch, bis es scheidet Seele und Geist, auch Mark und Bein, und ist ein Richter der Gedanken und Sinne des Herzens« (Hebr 4,12). Gemeint ist hier der Kurzdolch, also eine Waffe für den Nahkampf. Das Wort Gottes wird neben seiner öffentlichen Verkündigung persönlich von Mensch zu Mensch bezeugt. Dabei ist der Einzelne im Blick. Das Wort als Waffe will nicht besiegen oder gar töten, sondern es dient zum Kampf der Liebe, um den anderen zu gewinnen. Gewiss gibt es Wunden in diesem Kampf um den anderen. Das Wort Gottes schneidet die üppigen Triebe des Stolzes und der Eigenliebe ab. Dieses Messer trägt die dicken Schichten ab, mit denen Menschen ihre Sünden zudecken, und es legt das Herz, das innerste Wesen eines Menschen bloß, damit die Selbstrechtfertigung ein Ende hat und das Evangelium ein neues Herz schaffen kann.

Wenn diese Waffe des Wortes Gottes stumpf ist, weil ihm die Spitze abgebrochen wurde, dann hat alle Verkündigung keine Wirkung, keine Vollmacht mehr. Die historisch-kritische Bibelauslegung wollte die Waffe stumpf machen. Das Vertrauen vieler Menschen in die Wahrheit der Bibel wurde nachhaltig erschüttert. Die geschicht-

Gottes Wort

Stumpfe Waffe

liche Wahrheit vieler Berichte wurde bestritten. Biblische Texte wurden als Legenden, Mythen und als Ausdruck menschlicher Urerfahrungen gedeutet. Gerade im Blick auf die prophetischen, endzeitlichen Aussagen ist diese Kritik weithin Konsens. Solche Prophetien sowohl im Alten wie im Neuen Testament werden mit Einflüssen der Umwelt erklärt; sie wären dem Zeitgeist geschuldet und bloß von benachbarten Kulturen übernommen worden. Diese Bibelkritik hat weitreichende Folgen. »Weil die Gesetzlosigkeit überhandnimmt, wird die Liebe der meisten erkalten« (Mt 24,12; Elb), sagt Jesus ja voraus. Und das geschieht heute immer mehr. Unsere Gesellschaft wird zu einer gottlosen Gesellschaft. Abtreibung ist weithin per Gesetz erlaubt, gleichgeschlechtliche Verbindungen werden der Ehe gleichgestellt, um nur zwei der krassesten Widersprüche gegen Gottes Willen zu benennen.

Da entscheidet sich für die christliche Gemeinde, ob sie beharrt und standhält: Sie wird bestehen, wenn sie der Bibel unbedingt vertraut und den Leitlinien des Wortes Got

Alles gesagt   tes vertrauend folgt. Das unter der Leitung des Heiligen Geistes zu tun ist alles, was nötig ist, denn Jesus vergewissert: »Ich habe euch alles zuvor gesagt« (Mk 13,23). Hier greift der Satan in ganz frommem Gewand an. »Und das ist auch kein Wunder; denn er selbst, der Satan, verstellt sich als Engel des Lichts« (2. Kor 11,14), weiß Paulus. Selbsternannte und bejubelte Propheten stellen manchmal ihre »Erkenntnisse und Einsichten« der Bibel gleich. Einige lehren Dinge, die vom biblischen Text nicht gedeckt sind oder ihm sogar direkt widersprechen. Wo das nicht ganz so deutlich ist, verwirren sie die Gemeinde. Zum Beispiel: »Wer wirklich glaubt, wird nicht krank«; »Christen haben die Zusage, wirtschaftlich erfolgreich zu leben«. Jesus betont: »Ich habe *alles* gesagt.« Es gibt keine Erkenntnis über die Schrift hinaus. Es gibt keine Offenbarungen, die über sie hinausführen. Es gibt keine geheimen Offenbarungstexte von Gott oder Geheimlehren, die

nur Eingeweihte kennen. Die Gemeinde der letzten Zeit kann
nur so Bestand haben, wenn sie eindeutig und uneingeschränkt
dem biblischen Wort vertraut und für seine Wahrheit einsteht.
»*Ich* habe es euch vorausgesagt« (Mt 24,25). Mit der Person
Jesus Christus ist das zweite Angriffsziel des Satans benannt.
Jesus wird auf vielerlei Weise infrage gestellt. »Ein
normaler Mensch, den seine Anhänger zum Mes-   Wer ist Jesus?
sias hochgejubelt haben.« »Ein begabter Rabbi und
Gesetzeslehrer, den erst Paulus als göttlich verklärt hat.« »Ein
Menschenfreund mit zu viel Idealismus für diese Welt.« »Ein
Rebell, der mit seinen Plänen doch kläglich gescheitert ist.«
»Ganz gewiss nicht Gottes Sohn, damals wurden viele ›Söhne
Gottes‹ verehrt.« »Ein Gekreuzigter, aber ganz gewiss nicht als
Opfer für uns.« »Auferstanden in den Köpfen seiner Jünger.«
»Das Grab war nicht leer.« Die Reihe der Bestreitungen und
Umdeutungen der Person und des Wirkens von Jesus ist lang.

Schon als Jesus in Israel wirkte, scheiterten die Führer des
jüdischen Volkes an dieser Frage: Wer ist Jesus? Als Sohn Gottes
kam er für sie nicht infrage. Deshalb lieferten sie
ihn als Gotteslästerer zur Kreuzigung aus. Wer ist   Gottes Sohn
Jesus? – Daran entscheidet sich Glaube oder Un-
glaube. »Ein jeder Geist, der bekennt, dass Jesus Christus in das
Fleisch gekommen ist, der ist von Gott« (1. Joh 4,2). Der ewige,
allmächtige Gott in der Menschengestalt des Jesus von Nazareth
mitten in unserer Welt, das ist das staunende Grundbekenntnis
des christlichen Glaubens. Gott selbst, gestorben zu unserer Erlösung, zur Versöhnung mit Gott. Das Kreuz von Jesus Christus
ist zu Recht das wichtigste christliche Zeichen. Und in seiner
leibhaftigen Auferstehung bestätigt Gott das Opfer seines Sohnes; dadurch haben auch wir neues ewiges Leben. Opfertod und
Auferstehung zusammen bilden die tragende Mitte des Evangeliums. Die Gemeinde in der Endzeit, besonders von heute, hat
nur Kraft und Geduld und Vollmacht, wenn sie unverkürzt am
Bekenntnis zu Jesus als dem Sohn Gottes festhält.

»Ich habe es euch *vorausgesagt*.« Die Endzeitpredigt von Jesus ist Zukunftsprophetie. Er sagt Ereignisse voraus, die eintreffen werden. Auch für ihn gilt die einfache Regel:

Trifft so eine Prophetie ein? »Wenn der Prophet redet in dem Namen des Herrn und es wird nichts daraus und es trifft nicht ein, dann ist das ein Wort, das der Herr nicht geredet hat« (5. Mose 18,22), aber seine Worte halten dieser Prüfung stand. Der Tempel wurde zerstört, Israel durch die Römer in Kriegen besiegt und vertrieben. Seine weiteren Voraussagen trafen und treffen ebenfalls ein. Gerade heute können wir das an den weltweit zunehmenden Katastrophen sehen. Kriege, Hungersnöte, Katastrophen und Seuchen nehmen weltweit zu. Wir sehen dies auch an der Sammlung Israels im verheißenen Land, an der weltweiten Verfolgung der Christen, wachsender Gottlosigkeit und der zunehmenden Verführung. So werden sich alle seine Voraussagen bis zu seiner Wiederkunft erfüllen. Wir können das alles sehen. Jesus fordert uns auf: »Sehet hin.«

Die prophetischen Worte sind wie eine Brücke, die über einen breiten Strom gebaut wird. Ein Pfeiler wird eingerammt, die Brücke weitergebaut, der zweite und dritte

Die Brücke Pfeiler mitten im Fluss, bis dann das Ufer endgültig erreicht ist. An dem Beispiel Israel deutlich gemacht: Abraham wird das Land Israel verheißen. Er kaufte die Höhle Machpela (1. Mose 23,9). Es ist sein Besitz: Der erste Pfeiler. Das Volk Israel nimmt nach der Rückkehr aus Ägypten das Land ein: Der zweite Pfeiler. Das Volk kehrt aus der Vertreibung nach Babylon wieder zurück ins Land: Der dritte Pfeiler. Nach fast 2 000 Jahren Diaspora wird 1948 der Staat Israel im verheißenen Land gegründet: Der vierte Pfeiler. Wenn Jesus Christus wiederkommt, lebt Israel als Segensvolk für die ganze Erde im Land Israel: Der fünfte Pfeiler. Und dann landet die Brücke am Ufer der Ewigkeit an: Israel, das Königsvolk der neuen Erde. Gott selbst bei seinem Volk für ewig. So sehen wir die einzelnen Pfeiler des prophetischen Wortes, erleben den

Weiterbau und warten auf die Vollendung am Ufer der Neuschöpfung.

»Ich habe es *euch* vorausgesagt.« Die Jünger sind die Ersten,
die diese Prophetie hören. Das Wort Gottes ist somit geschicht-
lich verankert. Für die Jünger sind diese Worte
zuerst bestimmt, und sie erfahren auch als Erste   Euch gesagt
ihre Wirklichkeit. Einige von ihnen erleben den
Judäischen Krieg und die Zerstörung des Tempels. Sie erleiden
Verfolgung. Wie manche alten Berichte nahelegen, ist wohl keiner der Apostel friedlich im Bett gestorben. Alle haben den Märtyrertod erlitten. Sie also bereitet Jesus ganz persönlich auf ihren
Leidensweg in seiner Nachfolge vor. So wurden sie nicht über-
rascht von dem, was mit ihnen geschieht, und konnten mitten
in der Not standhalten. Jesus hat ihnen ganz nüchtern gesagt:
»Haben sie mich verfolgt, so werden sie euch auch verfolgen«
(Joh 15,20).

Den Jüngern gelten diese Worte also zuerst. Aber dasselbe
prophetische Wort will die christliche Gemeinde durch die Zeiten, besonders die Letztzeit leiten. Deutlich wird
das an dem, wie der auferstandene Christus seine   Allen Knechten
prophetische Offenbarung an Johannes weitergibt.

»Dies ist die Offenbarung Jesu Christi, die ihm Gott gegeben
hat, seinen Knechten zu zeigen, was in Kürze geschehen soll;
und er hat sie durch seinen Engel gesandt und seinem Knecht
Johannes kundgetan« (Offb 1,1). Johannes hört die ausdrück-
liche Weisung: »Was du siehst, das schreibe in ein Buch« (V. 11)
und noch einmal: »Er sprach zu mir: Schreibe … dies sind wahr-
haftige Worte Gottes« (Offb 19,9). Matthäus, Markus und Lukas schrieben nieder, was Jesus über die Endzeit lehrte, Petrus
und Paulus schrieben darüber in ihren Briefen. Das prophetische Wort gilt also der christlichen Gemeinde zu allen Zeiten
und es ist aufgeschrieben, dass es jeder lesen und hören kann.

Das Wort Gottes ist aufgeschrieben in der Bibel und wird
öffentlich verkündigt. Die Verheißung des Christus gilt: »Selig

ist, der da liest und die da hören die Worte der Weissagung und
behalten, was darin geschrieben ist« (Offb 1,3). Das besagt, dass
alle das biblische Wort auch hören, annehmen und
Hören können   glauben können. Es geht darum, das Wort Gottes
zu behalten, es im Herzen aufzunehmen und an
sich wirken zu lassen. Doch Paulus stellt dazu klar: »Der natür-
liche Mensch aber vernimmt nichts vom Geist Gottes; es ist ihm
eine Torheit und er kann es nicht erkennen« (1. Kor 2,14). Genau betrachtet, kann also jeder die Bibel lesen – aber ihre Worte
annehmen, nach ihnen handeln und mit ihnen leben, das ist
nicht selbstverständlich. Dafür muss der Heilige Geist uns öffnen. Deshalb ist unsere bleibende Bitte, dass wir die Bibel wirklich durch den Geist verstehen.

»Ich habe es euch vorausgesagt«, darin wird die ganze Fürsorge von Jesus für die Seinen deutlich. Er sagt die kommenden
Geschehnisse voraus, sodass seine Gemeinde im
Es ist bestimmt   vertrauenden Glauben festbleiben kann. »Jetzt
sage ich's euch, ehe es geschieht, damit ihr, wenn
es geschehen ist, glaubt, dass ich es bin« (Joh 13,19), sagt Jesus
seinen Jüngern vor seinem Leiden und Sterben. Er selbst ist und
bleibt der Handelnde, gerade auch in den Notzeiten des Endes.
Er lässt seine Gemeinde nicht los. Paulus nimmt diese Worte
auf: »Denn ihr wisst selbst, dass uns das bestimmt ist. Denn
schon als wir bei euch waren, sagten wir's euch voraus, dass
Bedrängnisse über uns kommen würden, wie es auch geschehen
ist und wie ihr wisst« (1. Thess 3,3.4). Die Voraussage von Verfolgung und Leiden ist für die Gemeinde eine Hilfe, die sie
durchträgt, wenn es tatsächlich dazu kommt, denn: »Das muss
so geschehen« (Mt 24,6). So ist es in Gottes Plan beschlossen,
der zum Heil führt, durch alle Not und alles Böse hindurch.
Noch einmal Paulus: »Wir wissen aber, dass denen, die Gott
lieben, alle Dinge zum Besten dienen« (Röm 8,28). Und Petrus
erläutert den Sinn dieser Anfechtungen und Leiden: »Damit
euer Glaube als echt und viel kostbarer befunden werde als das

vergängliche Gold, das durchs Feuer geläutert wird, zu Lob, Preis und Ehre, wenn offenbart wird Jesus Christus« (1. Petr 1,7). Die Gemeinde erlebt dasselbe wie das Volk Israel, dem Gott sagt:»Siehe, ich habe dich geläutert, aber nicht wie Silber, sondern ich habe dich geprüft im Glutofen des Elends« (Jes 48,10). Echt gemacht durch Leiden, damit Gottes Ehre vor der Welt aufleuchtet – so ist der Weg der Christen durch Nöte und Verfolgung im Tiefsten ein Weg zur Verherrlichung von Jesus Christus und eben nicht Triumph des Satans, der mit alledem Jesus Niederlagen beibringen will.

Jesus sagt das alles voraus, um die Seinen von der Gefahr der mitreißenden Ängste zu bewahren. Auch Christen werden von Ängsten ergriffen, gerade in den Wehen der Endzeit. Selbst Jesus ging nicht überlegen heldenhaft in **Gegen die Angst** sein Leiden: Er »fing an zu zittern und zu zagen und sprach zu ihnen (seinen Jüngern): Meine Seele ist betrübt bis an den Tod« (Mk 14,33-34). Und er betet zum Vater. Das ist der Weg, die Angst zu überwinden: sich hinwenden zu Jesus, sich hineinbeten in Gottes Willen. Ganz praktisch: Sein Wort kennen, die Letztzeitprophetien kennen und daraus Trost und Hoffnung gewinnen. Fest werden im Vertrauen in allen Verfolgungen und Nöten, wie Paulus schreibt, »damit nicht jemand wankend würde in diesen Bedrängnissen« (1. Thess 3,3). Jesus hat nicht nur alles vorausgesagt und damit den letzten Schrecken genommen, sondern auch den Weg durch alle Ängste hin zu ihm selbst geöffnet und die Verheißung gegeben:»Siehe, ich bin bei euch alle Tage bis an der Welt Ende« (Mt 28,20).

Er hat das alles vorausgesagt – zum Weitersagen. Das Wissen um die Ereignisse der letzten Zeit ist kein Geheimwissen nur für Eingeweihte. Es ist für alle Menschen hörbar und lesbar aufgeschrieben und soll öffentlich verkün- **Zum Weitersagen** digt werden. Auch wenn heute in manchen Kirchen die Predigt von den letzten Dingen, von den Wehen der Endzeit, von den Bedrängnissen Israels und von der Wiederkunft des Herrn verstummt und als belanglos abgetan wird: Es ist und bleibt der Auftrag der christlichen Gemeinde, gerade heute diese Botschaft klar auszurichten. »Zum Zeugnis für alle Völker« (Mt 24,14), sagt Jesus ausdrücklich. Nur so lassen sich Menschen warnen und zum Glauben an Jesus Christus einladen. Wenn Christen hier nicht mehr klar reden, haben sie im Grunde nichts zu sagen. Die Botschaft von den letzten Dingen ist nicht ein Feld für Spezialisten, sie ist ein unverzichtbarer Teil des Evangeliums.

»Ich habe es euch vorausgesagt«, damit verändert Jesus den Blick der christlichen Gemeinde. Wir müssen und sollen nicht gebannt vor Schreck auf das anwachsende Böse In Erwartung   starren, uns nicht lähmen lassen von ausufernden Schreckensvisionen, nicht geduckt auf die nächste Katastrophe warten oder uns resigniert von allem zurückziehen. Was Jesus voraussagt, entzündet in uns eine hoffende Erwartung. Wir Christen stehen für Hoffnung. Wir dürfen und sollen mit erhobenem Kopf leben, den Blick auf Gottes Heilsziel gerichtet: »Wenn aber dieses anfängt zu geschehen, dann seht auf und erhebt eure Häupter, weil sich eure Erlösung naht« (Lk 21,28).

Kurz zusammengefasst

1) Der Satan verstärkt seine Angriffe gegen die Wahrheit der Bibel und gegen Jesus Christus als Person.

2) Das prophetische Wort wird teilweise in geschichtlicher Zeit erfüllt, zielt aber auf seine letztendliche Erfüllung in der Ewigkeit.

3) Mit seiner Endzeitpredigt will Jesus seiner Gemeinde den Weg durch die Nöte weisen, trösten und Hoffnung geben.

Zum vertiefenden Gespräch

1) Wie wird Jesus heute umgedeutet?
2) Was heißt »das Wort Gottes ist ein Schwert«?
3) Dürfen auch Christen Zweifel an der Bibel haben?

Bibeltexte

Matthäus 24,25; Markus 13,23; Lukas 21,28;
1. Thessalonicher 3,3-4; 1. Johannes 4,2; 5. Mose 18,22

Vorschlag zur Bibelarbeit

Einleitung
Jesus sagte alles voraus, was kommt. Es gibt keine geheimen
Offenbarungen darüber hinaus.

1) Alles vorausgesagt
Jesus sagt Zukunftsereignisse voraus. Ob sie eintreten oder
nicht, kann geprüft werden. Damals: Die Zerstörung des Tempels, die große Bedrängnis für Israel. Heute: Globale Kriege,
Seuchen, Katastrophen. So wird sichtbar, dass die Vorhersage
von Jesus wahr ist. Der Satan greift die Bibel immer härter an.
Er will die Waffe stumpf machen, bestreitet die Einzigartigkeit
von Jesus Christus. Seine Endzeitrede richtet Jesus zuerst an
seine Jünger damals. Sie will er aufs Leiden vorbereiten. Sie erleben das Vorausgesagte bereits am eigenen Leib, bis hin zum
Martyrium. Jesus hat nie ein Glücks- oder Wohlstandsevange-
lium versprochen.

2) Alle können hören

Die Endzeitreden und die Offenbarung an Johannes sind keine Geheimlehre. Sie sind in der Bibel für alle zum Lesen und Hören aufgeschrieben. Der auferstandene Christus bestimmt ausdrücklich, dass seine Offenbarung über das Ende an alle Christen geht und an alle, die lesen und hören. Zum rechten Hören und Verstehen braucht es allerdings den Geist Gottes. Es ist der bleibende Auftrag der Christen, die Endzeitbotschaft weiterzusagen, Menschen damit zu warnen und für Jesus zu gewinnen. Gerade weil heute dieses Wort in vielen Kirchen weithin verstummt ist.

3) Alle Hoffnung haben

Jesus will mit seinen Worten der Gemeinde den Weg durch alle Nöte und Verführung weisen, sie trösten und Hoffnung zum Zeugendienst geben. Nichts geschieht ohne den Willen Gottes, gerade auch die schweren Wegführungen nicht. Leiden dient der Läuterung, dem Echtwerden, letztlich loben Christen Gott mit ihrer Geduld, ihrem Ausharren und Standhalten. Der Satan will Gott beschämen durch das Versagen seiner Nachfolger. Genau das Gegenteil aber geschieht. Gottes Ehre wird an der Treue seiner bedrängten Gemeinde sichtbar. Jesus zeigt uns das letzte Ziel. Wir werden vollendet ewig leben. Wir Christen stehen für Hoffnung auf die Wiederkunft von Jesus Christus. Er bringt die endgültige Erlösung, das ewige Gottesreich.

Schluss

Wir starren nicht auf die Schrecken, sondern erheben den Blick hin zu Jesus, dem Anfänger und Vollender unseres Glaubens.

Anhang: Fragen zum Prüfen

Gerade in der Letztzeit nimmt die Verführung der Gemeinde immer mehr zu. Davor warnt Jesus entschieden. Die folgenden Fragen können eine Hilfe sein, um gefährliche Abwege frühzeitig zu erkennen. Die christliche Gemeinde prüft nicht aus eigenwilliger Rechthaberei, sondern aus ihrer Liebe zu Jesus, in dessen enger Gemeinschaft sie bleiben will.

1) Zu Jesus Christus als Person
a) Wird Jesus eindeutig als Gottes Sohn und wahrer Mensch bekannt?
b) Wird sein Tod am Kreuz als letztgültige Versöhnung der Menschen mit Gott anerkannt?
c) Wird seine leibliche Auferstehung klar verkündigt?

2) Zur Bibel
a) Wird die Bibel als Gottes Wort anerkannt?
b) Werden die biblischen Berichte ihrem Wortsinn nach ernst genommen?
c) Bleiben die Gebote Gottes in Geltung?

3) Zu Prophetie, Heilungen und Wundern
a) Werden Erkenntnisse verkündet, die der Bibel widersprechen oder über sie hinausgehen?
b) Führen Zeichen und Wunder zum Glauben an Jesus oder zur Menschenverehrung?
c) Wird in irgendeiner Art und Weise Bezahlung verlangt?

4) Zu Israel
a) Wird die endgültige Verwerfung Israels gepredigt?

b) Wird die unverzichtbare Stellung Israels bei der Heilsvollendung anerkannt?

c) Wird ernst genommen, dass die christliche Gemeinde in
engster Verbindung mit Israel lebt?

5) Zur Verkündigung

a) Werden Inhalte verkündigt, die die christliche Gemeinde
spalten?

b) Wird in der Verkündigung der Ernst des Gerichts stehen
gelassen?

c) Wird die Wiederkunft von Jesus Christus öffentlich und klar
verkündigt?

Heiko Krimmer

Ich habe dich erwählt
Israel im Licht des Propheten Sacharja

Paperback, 13,5 x 20,5 cm, 224 Seiten
Nr. 395.261, ISBN 978-3-7751-5261-7

An Israel wird sich die Weltpolitik entscheiden, heißt es bei
Sacharja. Heiko Krimmer beleuchtet die Geschichte Israels im
Buch des Propheten – auch mit einem Blick auf die Zukunft des
Heiligen Landes. Mit hilfreichen Hinweisen für Gesprächsgruppen.

Heiko Krimmer,
Reinhold Rückle

Der Löwenmann wird Hirte
Erlebnisse mit Gott in Indien

Taschenbuch, 12 x 19 cm, 128 Seiten
Nr. 395.280, ISBN 978-3-7751-5280-8

Der aussätzige Suri hat das Gesicht eines Löwen - und wird für
viele andere zum Hirten. Neue spannende Geschichten aus Indien erzählen von Menschen, die Hilfe erfahren und zum lebendigen Glauben gefunden haben.

Bitte fragen Sie in Ihrer Buchhandlung nach diesen Büchern!
Oder schreiben Sie an: SCM Hänssler, D-71087 Holzgerlingen;
E-Mail: info@scm-haenssler.de; Internet: www.scm-haenssler.de